Esthetic Sense

심미안 수업

어떻게 가치 있는 것을 알아보는가

윤광준

지와인

우리는 감탄하려고 산다. 수십 년에 걸친 내 심리학 공부의 결론이다. 돈으로 살 수 없는 삶의 깊이는 정말로 좋아하는 것, 참으로 아름다운 것의 감탄으로 가능해진다. 뭐가 아름다운 건지, 자기가 좋아하는 것이 도대체 무엇인지도 모르고 평생을 살다 가는 사람들이 너무 많다. 그래서 한국 사회가 이토록 거친 것이다. 『심미안 수업』을 읽어야 하는 이유다.   김정운 문화심리학자

오감을 통해서만 우리는 세상을 읽을 수 있다. 그래서 좋은 감각은 우리에게 좋은 세상을 선물한다. 이 책은 평생 아름다움을 보는 감각을 키우며 살아온 인생의 선배가 감각의 사용법을 알려주는 삶의 매뉴얼 같은 책이다.   유현준 건축가

이 같은 책이 언젠가 나오면 좋겠다고 생각했었다. 매우 반갑다. 창작을 하는 사람도, 그 가치를 알아봐주는 사람이 없으면 존재할 수 없다. 친절한 목소리의 저자를 따라 심미안의 세계로 들어오는 이들이 많아지면 좋겠다.   하림 가수, 한국예술원 교수

좋은 감각은 타고 나는 게 아니라 많이 경험하고 훈련하는 것이다. 자기의 감각에 자극을 주는 일을 계속 하면, 자신도 모르던 가능성을 발견하게 된다. 윤광준 작가는 시간이 갈수록 삶이 더 멋있어지는 사람이다. 이 책을 통해 더 많은 이들이 자신을 긍정하기를 기대한다.   손흥주 사진작가, 《씨네21》선임기자

심미안, 가치를 알아보는 능력

아침에 일어나니 오른쪽 눈이 침침하고, 뭔가 이상한 느낌이 들었다. 하지만 정해진 일정을 소화해야 한다는 생각에 애써 태연한 척했다. 오전 일정을 마치고 점심을 먹는 중 눈의 불쾌감은 점점 더 커졌다. 낯선 곳에서의 피곤함 때문이라고 여기고 대수롭지 않게 넘기려고 했지만 심상치 않았다. 오후에 숙소에 들어와 잠시 눈을 붙이고 일어나니 시야가 가려지기 시작했다. 눈의 밑부분부터 서서히 가려지는데 검은 장막이 점차 올라오는 것 같았다. 놀랍고 두려웠지만 밤이 다가와서 그러려니 했다. 저녁 식사를 위해 차를 몰아야 했다. 운전하는 동안 시야의 3분의

2가 가려졌다. 그리고 식당에 도착했을 때, 창문 너머로 비치는 석양빛이 보이지 않는다는 걸 깨달았다.

동행에게 사태의 심각성을 이야기하고, 급히 비행기 표를 끊었다. 드레스덴에서 출국 공항인 비엔나까지는 차로 일곱 시간을 더 가야 했다. 하필이면 그날 심한 교통 체증으로 비행기를 놓쳤다. 비엔나에서 하루를 더 머물고, 다음 날 열 시간을 넘게 날아와 인천공항에 도착했다. 한국은 추석 연휴 기간이었다. 병원에서는 진단은 가능하나 긴급 수술을 받을 수는 없었다. 이틀을 더 기다렸다. 상황은 우호적이지 않았다. 의사들은 초기 대응이 늦은 만큼 실명할 위험이 높다고 진단했다. 망막박리라는 질환이었다. 시력의 회복 여부는 불확실했다. 첫 수술을 했다. 다행히 눈이 멀지는 않았다. 변시증과 소시증을 앓는 상태가 되었다. 변시증은 물체가 비뚤어지거나 변형되어 보이는 증상이고, 소시증은 물체가 작게 보이는 증상이다. 색도 약간 변형되어 보였다.

두 눈으로 바라보는 세상이 이전과 달리 보인다는 건 유쾌한 일이 아니었다. 사물이 뿌옇고 작고 찌그러져 보였다. 서 있는 사람을 보면 머리부터 발끝까지 길게 늘어나서 가느다랗고 홀쭉하게 보였다. 온갖 사물과 풍경이 초현실적 이미지로 바뀌었다. 대낮에는 멀쩡하게 보이던 모습도 밤이 되면 잘 보이지 않았다. 밤이면 낮과 다른 세상이 펼쳐졌다.

'변형된 세상을 볼 수밖에 없다면, 남들이 똑같이 보는 걸 나는 다르게 판정할 수도 있겠지.' 지금까지 많은 것을 봤다는 걸 다행으로 여기기로 했다. 더 좋은 것만 보라는 뜻이라고 생각하기로 했다.

약해진 시력은 여러 변화를 가져왔다. 눈이 쉽게 피곤해져서, 집중할 수 있는 시간이 줄었다. 유심히 들여다보기 위해선 예전보다 몇 배의 신경을 써야 했다. 소리를 듣는 귀는 더 예민해졌다. 그게 꼭 반길 만한 일은 아니었다. 평소에 즐겨 듣던 악기의 음색이 신경질적으로 느껴졌다. 아무렇지도 않게 듣던 부분이 불쾌하게 다가왔다. 그래도 음악에 몰입하는 시간이 늘었다. 눈을 감고 할 수 있는 가장 좋은 일이 음악을 듣는 일이니까. 매끄러운 음색이 절실해지자, 음의 미세한 높낮이가 섬세하게 구분되었다. 피아노의 건반과 손가락이 부딪힐 때의 강약이 정확하게 전달되고, 훈련된 가수의 호흡으로 배에서 우러나는 진성의 울림이 더 잘 느껴졌다. 이전에는 크게 다가오지 않았던 음색의 아름다움이 소중해지기 시작했다. 첼로의 현이 쇠줄인지 양 창자를 꼬아 만든 거트현인지, 분명하게 느껴졌다.

모든 것은 마음에 달렸다는 '일체유심조一切唯心造'가 감각의 세계에도 적용되는 듯했다. 말은 글이 주는 행간의 느낌을 미처 옮기질 못하고, 보는 것은 듣는 것을, 듣는 것은 접촉하는 것을 이기지 못하는, 그 갈증과 만족 사이를 마구 오가는 시간이었다.

그런 시간을 겪으면서 자신에 대해 다시 생각해보게 되었다. 나는 '딜레탕트dilettante'에 가까운 사람이다. 딜레탕트란 좋게 말하면 예술 애호가지만, 나쁘게 말하면 예술에 관심은 많지만 많이 알지는 못하는 사람, 어떤 분야를 깊이 탐구하지 않고 피상적으로 하는 사람을 말한다. 본래의 작업은 사진과 글쓰기지만, 큰돈이 되지는 않았다. 내가 선호했던 '도큐멘트(기록)' 사진은 이제는 낡은 양식이 되었다. 나 역시 지난 작업 방식을 고집할 생각은 없었다. 다양한 작업에 도전했다. 기업과 컬래버레이션 작업도 시도했다. 할 때마다 재미있었다. 그렇다 해도 크게 상황이 바뀌진 않았다. 하지만 다른 일을 하고 싶지도 않았다. 사진을 찍고, 글을 쓰고, 음악을 듣고, 그림을 보고, 그리고 남다른 사물에 관심을 가지는 일이 주는 매력을 알고 나니 다른 것으로 대체할 수 없었다.

집안 내력인 걸까. 할아버지는 가진 것도 없고, 암울했던 시대에도 금강산 유람을 나섰던 분이었다. 1930년대에 강원도 금강산 유정사에서 찍은 흑백사진이 있을 정도였다. 아버지는 초등학교도 제대로 안 나오셨는데, 세월을 즐기면서 일간지 기자 생활을 성공적으로 하셨다. 아무리 생각해봐도 불가사의한 일이다. 할아버지나 아버지처럼 살겠다는 의지가 있었던 것도 아닌데 나도 젊은 시절에 멀쩡한 직장을 걷어치우고 세계 여행을 나섰다. 그 이후로 주머니 가벼운 예술 애호가로 살아왔다. 그렇게 살아보니 알게 되었다. 삶의 여유가 있을 때 무엇인가를 즐기는 것보다, 삶이 고단할 때 마주한 아름다움이야말로 더 소중하고 오래간다는 사실을 말이다.

나는 인생이 한 번뿐이라는 것을 일찍부터 잘 알고 있었던 것 같다. 그 신념이 너무 강해서 생각하기보다 체험하는 것에 더 많은 애정을 두고 살았다. 하루에 전시회를 두세 개씩 보고, 무엇이 좋다는 소리를 들으면 발부터 움직였다. 나는 작업을 시작할 때 미리 정보를 챙기는 방식을 경계한다. 상황이 허락하는 한 현장에 가서 체험하고 확인하려고 애쓴다. 지극히 아날로그적인 방식이 아닐 수 없다. 만화가 이원복 선생이 와인 만화를 그리기 전 2년 동안 와인을 하루에 한 병씩 마셨다고 한다. 그처럼 몸으로 얻은 느낌과 정보는 그 무엇도 당해낼 수 없는 법이다. 내 머리가 나쁘니까 직접 가보고, 직접 해봐야 직성이 풀린다.

그리하여 짐작했던 것들이 확인되고, 정체를 드러내면 더없이 기뻤다. 그 다음에는 미련 없이 또 다른 주제를 찾아 발걸음을 옮겼다. 최대한 많이 경험하는 게 인생의 목표였다. 깊이보다는 넓이를 찾는 사람인 것이다. 물론 깊이 있게 접근하는 이들은 중요하다. 연구가와 이론가들이 있다는 건 그 분야가 풍성하고 의미 있다는 증거이기 때문이다. 나도 그와 같은 이론가들의 도움을 많이 받는다. 어느 삶이 나은지를 따지는 건 멋쩍다. 확실한 건 나 같은 이도 필요하다는 사실이다.

감상하고 수용하는 위치에 있으니 더 많이 아는 것으로 경쟁할 필요가 없었다. 성격도 좋아졌다. 예술을 좋아하는 이들이 까칠한 이유는 점점 '차이'에 민감해지기 때문이다. 보고 듣는 게 많아지고, 세월이 쌓일수록 나도 더 예민해진다. 좋은 감각은 '차이'를 인지하는 데서 만들어진다는 것을 확인한다. 하지만 내 경우 다행히 성격은 더 부드러워졌다. 오늘 힘들고 불쾌한 일이 있었어도, 다음 날 멋진 것을 마주하면 그 전날 느꼈던 불편한 감정이 금방 사라졌다. 더 가치 있는 것이 오늘 내 앞에 있는데, 쓸데없는 것에 신경을 쓸 필요가 없다고 생각했다.

눈의 기능이 엉망이 되었지만, 그 어려움을 나름 잘 견딜 수 있었던 것도 이런 생각 때문이었던 것 같다. 내가 이미 보고 들은, 좋은 것들이 너무 많았던 것이다. 그 좋은 것들을 생각하면서 버텼다. 옆에서 걱정 해주는 이들은 나를 보며 놀라곤 했다. "어떻게 그렇게 낙천적일 수 있습니까?" 낙천적인 게 아니라, 지금 이 상황에서 중요한 것이 무엇인지 생각하려고 노력했을 뿐이다. 살아오면서 보았던 모든 전시회가 다 좋을 수 없었고, 모든 공연이 다 훌륭할 수는 없었다. 그래도 그 속에서 좋은 것을 발견하려고 노력했던 습관이 배어 있었던 것이다. 신체의 불편함도 그렇게 여기니 견딜 수 있었다.

기이한 형태에서 자코메티를 떠올리고, 뒤틀린 색감에서 추상화를 상상하고, 안 들리던 음색이 들리니, 스스로가 그렇게까지 초라하지는 않았다. 예술이야말로 불행을 견디게 해주는 가장 좋은 보호막이라는 생각이 들었다. 눈이 불편하게 된 이후에, 내 지난 삶에 대한 알리바이를 찾았다는 느낌이다.

딜레탕트의 어원은 이탈리아어 딜레타레dilettare로 '기쁘게 하다'라는 뜻을 갖고 있다. 기쁨은 외부로부터 주어지는 게 아니라, 내가 스스로 찾는 것이다. 예술 애호가로 살면서 느낀 건, 아름다움을 느끼는 감각도 모두 의식적인 활동이라는 것이다. 내가 의미를 둔 것만이 나에게 그 미적인 감흥을 허용한다. 명화도 명곡도, 일상의 작은 연필 하나까지도 그렇다.

두 번째 눈 수술을 했다. 현대 의학은 정말 놀라웠다. 인체의 작은 기관 하나를 갈아 끼우고 나니, 또 멀쩡하게 살 수 있게 되었다. 이렇게 감사한 일이 일어난 데는 이유가 있으리라. 그래서 미뤄두었던 이 책을 쓰게 되었다.

그동안 강연을 다니면서 예술과 관련된 정보를 주기보다는 경험하는 법에 대해 말해왔다. 예술의 세계가 멋지다는 건 알지만, 그 세계에 들어갈 엄두를 못 내는 이들이 의외로 많다. 나 또한 처음에는 그런 사람 중의 한 명이었다. 그러나 아름다움을 느끼는 일에는 순서도 서열도 없다. 잘 몰라도 즐겁고, 처음 접했는데도 황홀한 것은, 아름다움에 대한 추구가 인간의 본능이기 때문이다. 그 본능을 깨우고, 숨겨진 감각을 키우는 데 도움이 되는 책이면 좋겠다. 그다음에 각각의 세계를 더 깊게 탐색하는 건 각자의 몫이다.

'심미안審美眼'이라는 단어는 지금은 고풍스럽지만, 과거 우리 세대에서는 매우 익숙한 말이었다. 인간이 가진 어떤 능력보다 우월한 능력이라는 느낌을 갖고 있는 단어였다. '아름다움을 살피는 눈'을 갖는다는 건 얼마나 놀라운 일인가. 나는 심미안을 갖게 되는 건 결국 '마음의 눈'을 뜨는 일이라고 생각한다. 미적인 가치를 느끼는 능력은 어떤 상황에서도 나의 자존감을 지켜주는 무기가 된다. 그 사실을 이 책을 통해서 느끼게 된다면 감사할 따름이다.

이 책을 쓸 수 있었던 것은 수십 년 동안 나에게 귀한 경험을 주었던 고마운 이들이 있었기 때문이다. 그 고마움을 말로 다하기 어렵다. 일일이 따로 전하겠다. 무엇보다 나를 지켜준 것은 우리 사회 전체라고 믿는다. 아름다움은 공공公共의 것, 즉 누구나 접하게 해야 한다는 온

사회의 노력이 나 같은 사람도 인생을 잘 살 수 있게 해주었다. 전 세계의 공공미술관과 연주회장, 음악 라디오 채널, 그리고 수많은 무명의 예술가들에게 감사를 표한다.

2018년 겨울
윤광준

차례

Part 1

우리는 무엇을 아름답다고 느끼는가

나는 모르겠네, 테이블에 꽃병을 놓아야 할지.

나는 모르겠네, 저 사물을 분홍색으로 칠할지 파란색으로 할지.

나는 모르겠네, 직선이 좋은지 곡선을 선호하는지.

나는 모르겠네, 나는 모르겠네라는 말을 그만해도 될지.

알렉산드로 멘디니

1

인간의 흔적이 묻은 것이 아름답다

아름다움이란 무엇일까. 사람은 무엇을 보고 아름답다고 느낄까. 아름답기로 하면 대자연만한 게 없다. 끝도 모르게 펼쳐진 푸른 바다, 일부러 만들었다고 해도 이보다 더 기괴할 수 없을 바위와 계곡, 신의 존재를 실감하게 되는 고산지대의 맑은 호수, 세상의 꽃이란 꽃은 다 피어난 것 같은 초원. 그 앞에 서면 인간은 감탄한다. 자연경관이 주는 압도감은 놀랍다. 그러나 놀라움과 가슴에 남는 감동은 다른 종류의 것이다. 자연은 그 놀라움의 강도만큼 감동은 남기지 않는다. 어떤 장소는 막상 가보면 실망하기도 한다. 누구나 그런 적이 있을 것이다. 사진으로 보고 잔뜩 기대했는데, 막상 눈으로 보니 기대했던 만큼은 아니어서 실망한 경우 말이다.

지구상에서 가장 압도적인 자연경관은 어디일까. 수많은 곳이 있겠지만, 히말라야 설산과 너른 태평양은 그런 기대의 상징이다. 태어나 한 번은 가보고 싶어 하는 곳이다. 나 또한 그랬다. 출발 전부터 잠을 설치고, 가는 내내 기대했다. 마주하니 그 거대한 규모, 멋진 풍경에 연신 탄성이 터졌다. 하지만 풍경의 감동은 거기까지였다. 새로운 감동이 아니라, 기대한 것을 확인한 놀라움에 그쳤다.

특히 여행을 많이 다닌 이들일수록 이와 비슷한 이야기를 한다. 왜 그럴까. 기대란 경험의 절대치와 통하기 때문이다. 높아야 산이다. 넓어야 바다다. 속성이 파악되면 기대감은 누그러진다. 거대한 풍경을 많이 본 사람일수록, 스케일에서 받는 감동은 줄어들 수밖에 없다. 세계 여행을 수없이 다닌 사람에게서 '우리나라만큼 아름다운 데가 없더라.'라는 말이 나오는 이유도 여기에 있다. 우리나라의 자연경관이 다른 곳보다 유독 멋있어서가 아니다. 멋지다고 애착이 생기는 게 아니고, 대단하다고 또 보고 싶어지는 건 아니라는 사실을 깨닫게 된 것이다. 많이 보고 비교하게 되면서 내가 의미를 두는 것의 소중함이 분명해지고 회복된 것이다.

여행에서 돌아오면 더 그렇다. 사진을 꺼내보면 당시의 감탄은 일회적이다. 히말라야의 설산을 찍은 사진을 다시 꺼내 본다. 그 당시의 추억은 되살아나지만 정작 그 장소가 준 감흥은 별로 남아 있지 않다.

우리는 무엇을 아름답다고 느끼는가

반면 인간의 흔적이 남은 것들을 마주했을 때의 감동은 오래간다. 세계문화유산에 이름이 올라간 위대한 역사 유적지는 물론이고, 낯선 골목에서 마주한 성당, 길에서 듣던 악사의 연주, 책에서만 보던 그림을 실제로 마주했던 미술관⋯⋯. 이런 것들은 불현듯 생각나고, 또 다시 가고싶다. 인간의 흔적이 남은 아름다움은 다르다. 자연의 아름다움과 인간의 손이 닿은 결과물의 아름다움은 차이가 있다. 우선 기억이 오래간다. 다른 감정에도 영향을 미친다. 감동의 정체를 알게 되면 인간이 최종적으로 추구하게 될 욕망이 '예술에 대한 욕망'이라는 것을 받아들이게 된다. 인간이 만든 미술, 건축, 음악 등에서 느껴지는 아름다움이 자연의 아름다움을 뛰어넘는다는 생각이 든다.

왜 이런 아름다움은 더 강하게 각인되는 걸까. 인간이 '가치'를 부여한 것이기 때문이다. 그냥 보기 좋은 것, 신기한 것이 아니라 숨겨진 의도가 있고, 준비된 내용이 있기 때문이다. 그 내용을 유형과 무형의 형태로 구현하고자 한 노력이 있기 때문이다.

또 하나는 감상자의 맥락에 따라 그 '가치'가 매우 다양한 해석으로 번지기 때문이다. 감상자가 어떤 개인적인 기억을 가지고 있느냐, 어떤 맥락과 배경에서 그 예술을 마주했느냐에 따라서 의미가 증폭되고 새로워진다.

행동으로도 이어진다. 자신이 느낀 감동을 언어로 설명한다. 사람들과 대화를 하고 글로 남긴다. 그다음으로는 자신의 일상을 둘러싼 사물로부터 자신이 감동받은 것과 비슷한 것을 찾으려고 한다. 감흥을 느낀

이가 자신의 손으로 새롭게 무엇인가를 만들어내기도 한다. 또는 자신이 느낀 가치를 재확인할 수 있는 사물을 가지려고 한다. 이렇게 가치가 새로운 가치를 낳는 행위로 이어진다. 수용자의 적극적인 개입이 이루어지는 것이다.

이렇듯 감상鑑賞은 단순히 '본다'는 것을 넘어선다. 우리가 아름다운 것에 끌리는 이유가 바로 이것이다. 눈에 보이는 것만으로 어떤 판정을 내리는 것은 쉽게 잊히는 특징이 있다. 그것보다 더 새롭고 대단한 자극을 받으면 그 이전의 기억이 무력해지는 것과 같다. 자연의 아름다움이 일방적 수용이라면, 예술의 아름다움은 자신이 개입된 적극적 반응이라 할 수 있다. 때문에 기억이 더 강하고 확대된다. 신이 만든 자연 못지않게, 인간의 예술이 주는 위안이 더 깊은 이유가 여기에 있다.

일본 시마네현에 아다치 미술관이 있다. 이 미술관은 1970년 기업가 아다치 젠코가 연 개인 미술관이다. 개인 미술관이지만 컬렉션이 어마어마하다. 일본을 대표하는 화가들의 작품을 다수 소장하고 있다.

이 미술관에는 이런 소장품보다 더 유명한 것이 있다. 너른 면적에 꾸며진 정원이다. 일본 정원의 아름다움에 빠진 아다치는 전국의 유명한 정원들이 가지고 있는 요소들을 집대성해놓았다. 모두 여섯 개로 나뉜 정원에는 일본 전역의 나무와 돌이 수집되어 있다. 아다치 젠코는 92세로 죽었다. 죽기 직전까지 이 정원을 만드는 데 혼신의 힘을 기울였다. 자수성가한 기업인은 자기 고향에 평생 꿈꾼 정원을 만들었다. 아다치의 정원은 각기 다른 시간과 공간에 존재하는 일본 정원의 요소들을 한곳에 모아둔 종합선물세트 같다. 그런데 이렇게 이질적인 것들이 뒤섞여 있어도 조금도 이상하지 않고 오히려 조화롭다. 놀라운 일이다.

내가 아다치 미술관에 간 건 1990년대 후반이었다. 아다치의 정원을 보고 나니 인간이 왜 정원을 만드는지, 왜 정원이 인간이 만든 예술품인지를 진심으로 이해할 수 있었다. 인간은 왜 정원이라는 걸 만들게 되었을까. 프랑스 파리 베르사유 궁전의 정원을 보자. 이 정원을 보면 분명하게 설명이 된다. 왕이 자신의 권력을 확인하고자 했던 의도가 바로 느껴진다. 권력의 시선을 무한히 확장하려는 욕구가 이 정원의 존재 이유이다. 시야를 극한으로 확대하겠다는 욕구가 원근법적 조성으로 구현된 정원이다. 이처럼 서양에서 정원은 왕실, 가문 등 권력 집단이 이상향을 구현하는 수단이었다.

일본의 정원은 독특하게 개인의 취향이 극대화된 곳이다. 개인이 지향하는 이상적인 낙원을 구현하는 방향으로 정원 문화가 발전해갔다. 이는 일본의 정치체제와 연관있다. 절대 왕조의 힘이 강하지 않고, 수많은 가문이 돌아가며 권력을 차지했다. 그래서 각 권력자들은 각자의 부와 명예를 표현하기를 원했고, 각자가 내거는 이상향이 따로 있었다.

이런 권력자 개인의 과시욕과 이상향을 자연을 모방하여 우회적으로 드러낸 미감의 정원이 유행했다. 일본의 정원은 화려하지는 않으나 세련되다. 넘치지 않으나 모자라지 않다. 고즈넉하고 쓸쓸하나 힘이 있다. 이를 단적으로 드러내는 개념이 바로 와비 사비ゎび さび(侘 寂)이다. 와비 사비는 일본의 전통적인 미의식 관념으로 부족하고 검소한 상태, 적막

파리 베르사유 궁전의 정원

아다치 미술관의 정원 내부

인위적으로 만든 것들에는 사람이 추구하는 가치가 녹아 있다. 스쳐 지나가는 자연의 아름다움에서는 느낄 수 없는 지극함이 있다.

하고 조용한 상태를 가리킨다. 일본의 정원을 보면 공들인 멋진 정원 한구석에 허름한 초가집 같은 다실이 있는 경우가 있다. 이것이 이들이 가진 와비 사비 미의식이다.

일본 교토와 시코쿠 일대의 옛 정원을 돌아보면 아다치 미술관이 더 잘 이해된다. 아다치 미술관은 일본 정원의 에센스만 뽑아 알밉도록 자연스럽게 완결하는 데 성공한 현대의 정원이었다. 아다치는 일반에게 정원을 공개하면 훼손될 위험이 있으므로 주변에 회랑을 둘렀다. 그리하여 관람객들이 밖에서 정원을 바라보게 했다. 사진의 프레임마냥 사각의 창으로 잘려진 정원을 보는 관람객은 만든 이가 의도한 대로 반응하고 느끼게 된다. 마음껏 펼쳐진 공간에서는 오히려 스쳐버리기 쉬운 아름다움의 핵심을 완성된 형태로 보여주려는 의도이다.

　지극히 인위적이다. 하지만 더할 것도 뺄 것도 없는 완벽한 조화는 어떤 비판도 구차하게 만든다. 완결된 아름다움에 동조할 수밖에 없다. 자연을 재료로 인간의 미감을 더해 완성된 공간은 황홀하다. 이상하지만, 전혀 이상하지 않은 조화의 아름다움이 오로지 한 인간의 선택과 의지로 완결된 셈이다. 자신의 흔적을 영속시키기 위해 사업가는 정원을 미술관이라 이름 붙이고 유료 관객을 받아 지속적으로 운영할 수 있는 묘책을 찾았다.

　나는 아다치 미술관을 통해 정원이 인간의 이상향을 실현하기 위한 수단으로 쓰이는 이유를 실감했다. 왜 정원을 명화처럼 감상하는지도, 왜 전 세계 예술가들이 일본의 정원을 아름다움의 상징으로 손꼽는지도 이해했다. 한때의 관심으로 사라지고 공간이 아니라 낙원이라 불러도 좋고, 왕국이라도 불러도 좋은 곳을 만들어내는 인간의 능력. 나에게는 인간이 자연을 억지로 가공하는 일을 아름다움으로 받아들이는 계기가 되었다.

　아다치의 미술관처럼 극진한 아름다움은 무소불위의 권력 같아서 사람들을 굴복시키는 힘이 있다. 그래서 아름다움의 구체적 실현인 예술품을 보고 미의 권능을 인정하게 되면, 뒤이어 미술관, 음악홀, 거장의 건축물로 발길이 옮겨진다.

　중국 회화에서는 예술의 최고 목표를 '기운생동氣韻生動'으로 삼았다. 자연물이 아닌데, 인간이 만들었는데 살아 있는 듯한 에너지를 뿜

어내는 것이다. 진정한 아름다움은 인간의 것이다. 아름다움을 느끼고,
살피는 능력 또한 인간의 것이다.

2

나는 얼마나 받아들일 준비가 되어 있나

인간이 만든 예술의 아름다움을 느끼고 나면 곧 소유하고 싶은 갈망이 생긴다. 곁에 두고 계속해서 아름다움을 느끼고 싶은 건 당연하다. 단지 표지가 예뻐서, 음반 커버 디자인이 멋있어서 사는 경우가 있다. 우리에게는 글이 주는 아름다움, 음이 주는 아름다움을 시각화하여 소유하고 싶은 욕망이 있기 때문이다. 실용성이 없는 온갖 디자인 상품도 이런 소유욕을 충족시키는 수단이다.

　이 소유 욕망은 감탄을 자아낸 예술품을 만난 이후에는 더 자극된다. 그러나 내 마음을 훔친 그림을 보러 매일 미술관에 갈 수도 없고, 그렇다고 미술관을 통째로 훔칠 수도 없다. 미술관에 복제품을 파는 기념품 가게가 있는 이유다. 원본의 아우라를 느껴본 이들의 소유욕을 만족시키려는 것이다.

그러나 의외로 사람들이 원하는 건 복제품이 아니다. 미술관 기념품 가게에 있는 물건 중에 원본을 그대로 축소해둔 프린팅이나, 원본을 그대로 모방한 제품에 대한 구매 욕구가 높지 않다는 것이 이를 증명한다. 사람들이 손에 잡는 제품은 원본의 축소판이 아니라, 원본의 아우라에 영향을 받은 새로운 디자인이다. 나 또한 이와 같은 디자인 제품을 구매 1순위로 둔다. 수용자의 개입이 이루어진 더 적극적인 소유 행위이기 때문이다.

내가 복제품을 갖고 있지 않은 데는 다른 이유도 있다. 인간이 미적으로 이룩한 과거의 성과가 꼭 현재에 필요한 참고 자료는 아니라고 생각하기 때문이다. 아무리 거대한 감동도, 결국엔 깨지라고 있는 것이라고 생각한다. 아름다움은 변치 않는 게 아니다. 아름다움은 지켜야 할 경전이 아니다. 언제든 새로운 시도 앞에 감탄할 수 있는 열린 마음이 필요하다. 그래서 예술품 앞에선 최고라는 감탄사를 아껴야 한다. 최고란 자신이 보았던 범위 안에서의 위험한 판정이기 쉽다. 세상의 아름다움은 순위를 매길 수 없다.

나는 아주 작아도 좋고, 유명한 화가의 것이 아니어도 좋으니, 마음에 드는 그림이나 사진을 하나쯤은 원본으로 소유해볼 것을 권한다. 지금 활동하고 있는 작가의 작품이면 더욱 좋다. 생각보다 무리이거나 어

뉴욕 현대미술관 모마, 폴 세잔의 정물화

많은 예술품이 숱하게 볼 수 있는 사물이나 풍경을 다룬다. 느끼려고 마음을 연 사람에게만 익숙함 속에 숨어 있는 새로운 감흥의 세계를 보여준다.

렵지 않은 일이다. 갖고 싶다는 욕구를 행동으로 실현해보는 것 자체가 중요하다. 그런 경험이 한번 쌓이면, 예술품을 보는 데 대한 저항감이 쏙 줄어든다. 미술관에 박제된 것이 아니라 한 개인이 가질 수 있는 것이라고 생각하는 것만으로 예술품과 나 사이의 거리가 줄어든다. 그러면서 수용력이 확 넓어지는 것을 느끼게 될 것이다. 태도가 적극적으로 바뀐다.

아름다움을 느낀다는 것은 무엇일까. 결국 그 내용을 이해한다는 것이다. 우리의 감각이 깨어나는 건 편견 없이 바라보고, 한발 더 나아가 '적극적으로 이해하려고 할 때'이다. 다가가지 않는데 어떻게 수용력이 생기겠는가. 사람들은 미적 감각을 특별한 능력처럼, 타고난 재능처럼 생각하는 경향이 있다. 오히려 반대다. '알아야 보인다.'는 말은 '다가서야 느끼고, 경험해야 보인다.'로 바꿀 수 있다.

　심미안은 타고난 능력이라기보다 커가는 능력이다. 스스로 훈련하는 것이다. 내가 미감의 세계에 눈을 뜨게 된 것은 콤플렉스 때문이었다. 나는 대부분의 사람들이 나보다 낫다고 생각하는 경향이 있다. 어릴 때부터 그랬다. 학교를 다닐 때 어쩌다 1등이라도 하면, 평소에 나보다 공부를 더 잘했던 친구들에게 미안한 마음이 들 정도였다. 성인이 되어서는 세상의 이치를 다 아는 것 같은 사람들을 숱하게 만나 좌절했고, 지식의 양으로는 내가 대화를 나누기조차 힘든 수준의 인간들이 많다는 것을 인정할 수밖에 없었다. 그게 나를 자각하게 만들었다. '이리 잘난 사람들이 많으니, 나는 나만의 길을 찾아야겠구나.' 이런 강박이 커졌다. 나만이 경험한 내 것을 만들겠다는 결심을 하게 되었다. 그래서 온갖 곳을 돌아다녔다. 보고, 맛보고, 듣고, 느끼고, 무조건 경험했다.

　그런 경험을 통해 느낀 것은 책에서 본 것, 텔레비전에서 본 것을 아는 것이라 확신하는 건 위험하다는 사실이었다. 책과 텔레비전을 통해 아는 것만으로는 불충분하다. 책에서 본 그림을 실제로 보았을 때 느껴지는 바가 다른 것은 너무나도 당연한 일이다.

　왜 그렇게 다를까. 왜냐하면 실물을 마주했을 때야 비로소 그것을 그린 사람의 의도와 그 작품이 놓여있는 맥락이 느껴지기 때문이다. 아주 단순하게 그림의 크기를 확인하는 일도 그렇다. 이중섭이 껌 종이에 그린 그림을 책에 인쇄된 확대된 사진으로 보는 것과 그 작은 실물을 눈으로 보는 것은 전혀 다르다. 그 화가가 당시에 처했던 상황, 이런 재료를 선택했던 이유, 그 재료에 선을 그을 때의 느낌. 이런 것까지 확인되면 짐작했던 것과 다른 감각이 내 몸을 통과한다. 음악도 마찬가지다. 바이올린 선율을 귀로만 듣는 것과 그것을 켜는 사람의 손놀림을 눈으로 보면서 듣는 것은 확연하게 다르다.

나는 스스로 부족한 사람이라고 생각했기 때문에 더 많이 체험함으로써 수용 능력을 키우려고 노력했다. 그러나 이렇게까지 의도하지 않아도 인간은 자연스럽게 자신이 좋아하는 것에 마음을 연다. 좋아하면 시키지 않아도 닥치는 대로 찾는다. 관심의 강도만큼 알게 되고, 닮고 싶은 만큼 다가가게 된다.

차이를 통해 본질을 이해하다

미적 감각이 좋은 사람들의 특징은 세상을 흘려버리지 않고 촘촘하게 본다는 것이다. 아름다움을 잘 느끼는 사람은 차이에 민감하다. 무심한 이들은 뭘 봐도 별 반응이 없다. 지금 하고 있고 보고 있는 것이 그 전의 것과 어떻게 다른지 느끼지 못한다면, 미적인 수용이란 그저 고개를 끄떡이는 것과 다를 게 없다.

아름다움을 공감하지 못하는 이들은 감탄하는 법이 없다. 모두 비슷해 보인다. 구별하려는 생각이 없으면 세상이 그저 평평하게 보일 것이다. 차이를 느끼지 못한다는 건 어찌 보면 불행이다. 작은 차이에서 느껴지는 짜릿함이 얼마나 큰지 알 수 없을 테니까.

같은 연주자가 같은 곡을 연주해도, 어떤 마음가짐으로 연주했느냐에 따라 감흥이 다르다. 말로 설명하지 못하는 내면의 감정이 미세한 떨림의 차이를 만들어낸다. 이 차이에 공감하느냐 아니냐에 따라, 같은 자리에 있어도 화성인과 금성인만큼 다르게 경험할 것이다.

미술관 안에서라면 이 그림과 저 그림을 비교하며 분주한 사람이 있고, 유명 화가의 그림조차 누구나 그릴 수 있는 별것 아닌 것으로 치부해버리는 사람이 있는, 그런 차이일 것이다. 한 공간에 있어도 두 사람은 서로 소통하지 못할 것이다. 그러나 차이에 민감한 이들은 이쪽에서 '아!' 하면 저쪽에서는 '어!' 하고 받아주는 대화가 생긴다. 이런 대화를 통해서 또 새롭게 발견하는 것들이 있다. '좋은 그림은 자꾸 보라.'는 말이 있는 이유도 마찬가지다. 처음 보았을 때와 두 번째 보았을 때, 또 시간이 오래 지나 다시 보았을 때가 다르다. 내가 조금씩 달라지면서, 대상도 다르게 보이는 것이다.

'미美'의 가치는 상대적인 비교로 분명해진다. 여러 비교를 통해서 '미적인 것'에 대한 기준이 생겨난다. '좋은 것'에는 당연히 기준이 있어야 한다. 모든 것을 다 아름답다고 말할 수 없다. 다 상대적인 아름다움일 뿐이라고 말할 수 없다. 기준이 없다면 어떤 것의 좋고 나쁨 판정자체가 어려워지기 때문이다. 좋은 것을 보고도 좋다고 느끼지 못한다면 얼마나 안타까운 일인가.

예술의 영역에서도 객관적인 판정은 당연히 존재한다. 그 객관적 판정의 수준을 높고 깊게 만들어가는 즐거움이 있다. 비교의 관점이 생기면, 재미가 생긴다. 제 것만 보이는 세상에서 노는 것과 넓은 세상에서 다양한 것을 마주하는 즐거움을 비교하면, 당연히 후자가 즐겁다.

그런 비교의 근거가 확장되는 재미를 아는 것이 심미안을 가진 사람의 특징이다. 비교의 즐거움은 단순히, 이것과 저것 중에 어느 것이 더 좋은가를 판단하는 일이 아니다. 여러 개를 겹쳐놓는 경험이다. 상대적인 장점, 상대적인 단점을 파악하는 일이다. 또 다른 게 뭔가 더 없나? 이런 걸 상상하는 일이다. 끊임없이 '왜?'라는 관점으로 무엇인가를 살펴보는 일이다.

심미안은 차이를 알아보는 능력이라고 말했는데, 이 능력이 커지면 우리는 역으로 본질의 의미를 이해하게 된다. 본질의 의미를 깨닫는다는 건 뭘까. 일상적인 물건을 통해서도 설명할 수 있다. 우리가 매일 먹는 밥그릇을 보자. 세상에는 수많은 밥그릇이 있다. 형태, 색 등 너무나도 다양하다. 그러나 그럼에도 '이게 진짜 밥그릇이야.'라고 하는 기준이 있다.

아마도 인류는 그동안 밥그릇과 비슷한 기능을 하는 물건을 수없이 만들었을 것이다. 그중에서 우리가 흔히 보는 둥그스름한 형태와 양손에 감싸 쥘 수 있는 정도의 크기가 살아남았다. 수많은 밥그릇 후보들 중에서 끊임없이 기능과 형태를 개선해 지금 우리가 보는 물건이 된 것이다. 그러니 우리 눈앞에 보이는 현재의 밥그릇이 허술할 리 없다. 엄정한 아름다움의 비율이 있다. 그 비율에 최대한 접근한 밥그릇의 아름다움은 각별하다. 밥그릇에 담긴 조화로움의 본질을 이해하게 되는 것이다. 수많은 밥그릇의 차이를 접한 다음에 발견되는 것이다.

인간이 황금비율을 찾아낸 이유도 여기에 있다. 고대 그리스인들은 1:1.618로 황금비율을 찾아냈다. 비례와 균형의 조화가 결국 아름다움의 정체이다. 황금비율의 효용성은 현대 과학의 발달로 더 세밀하게 증명되고 있다. 인류의 경험이 정확한 근거를 갖추게 된 셈이다. 오늘날에도 이런 아름다움의 진화는 계속된다. 비율의 본질은 유지하되, 개선해나가는 과정에서 새로운 아름다움이 얻어진다.

극단적인 파괴와 변형도 크게 보면 그런 진화의 하나이다. 잭슨 폴록 Jackson Pollock 같은 화가는 무작위로 페인트를 뿌리고, 화가의 의도마저 지워버린 듯한 그림으로 세상을 놀라게 했다. 그러나 그 안에도 질서와 규칙이 있다. 추상화가 잭슨 폴록의 그림을 모아놓고 보면 우연의 효과치곤 꽤 정연한 그만의 질서가 느껴진다. 아무렇게나 페인트를 뿌린 것 같아도 인간이 한 일이기 때문이다. 화가의 의도는 당연히 살아 있다. 페인트를 뿌리는 힘을 조절한다. 페인트의 양과 색채를 조절하는 것은 필수다. 아무렇게나 한 것 같지만, 오히려 더 인위적인 측면이 있다. 그것이 어떤 아름다움을 만들어낸다.

인간의 행동은 자연과 같은 우연을 만들지 못한다. 우연을 의식할수록 더 인위적 형태로 근접하게 된다. 누구라도 흰 도화지에 마음대로 점을 찍어보면 무작위의 패턴이 되지 않는다. 규칙을 가진 형상이거나 그럴싸한 연상의 내용으로 바뀌어가는 걸 느낄 수 있다. 인간의 행동은

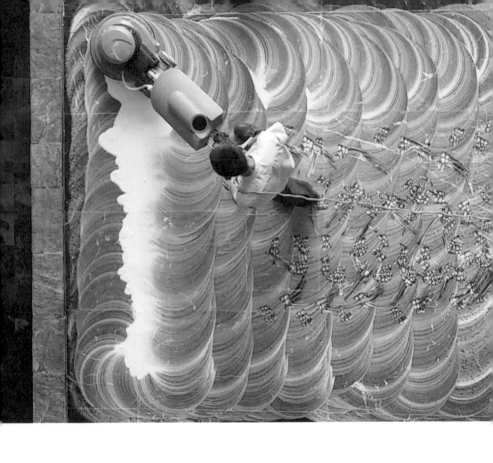

하노이 메리어트 호텔 청소부

인간은 본능적으로 조화와 통일성을 추구한다. 어떤 일이라도 정성을 들이면 그런 경향이 더 강해진다.

어떠한 경우라도 의식을 반영하게 마련이다. 나름의 규칙을 외려 촘촘하게 지키고 있다고 할 수 있다. 그렇게 새로운 조화를 만들어낸다.

조화의 비밀을 어렴풋이 알게 되면 이를 일상에 적용해보는 습관이 생긴다. 일하고, 먹고, 자고, 마시고, 쉬는 일 모두에 해당된다. '왜 불편할까?' '왜 거칠까?' '어떻게 하면 더 편안하고 부드럽게 다가오게 될까?' 이런 생각을 하면서 더 나은 방향을 찾아가는 것이다. 인간에게는 더 조화로운 상태가 있을 거라는 믿음이 있다.

우리가 심미안을 갖게 된 것은 삶의 문제를 해결하기 위한 본능 같은 것이다. 더 좋은 것, 더 의미 있는 것을 발견하려는 습관인 것이다. 때문에 인간의 미적 활동의 결과물인 예술의 세계는 누구에게나 열려 있다.

아이들은 자유롭게 그림을 그리고, 마음대로 노래한다. 남이 쥐어주는 것이 아니라 자기 눈에 들어오는 것, 나에게 더 편하고 좋게 느껴지는 것을 가지려는 욕구를 숨기지 않는다. 그렇게 자신만의 미적 정체성을 만들어낸다. 지금 내 삶은 그 시절로부터 얼마나 멀리 떨어져 있을까. 다소 많이 멀어져 있어도 괜찮다. 이미 우리 안에 숨어 있는 그 느낌을 다시 깨우는 일은 조금도 어렵지 않다.

Part 2

숨은 의도를 발견하는 기쁨, 미술

회화를 배운다는 것은 사물을 정확히 보는 방법을

배운다는 것과 같다.

그것은 단지 눈으로 보는 것 이상의 의미를 가지고 있다.

키몬 니콜레이즈

1

왜 꼭 미술관에 가서 그림을 봐야 할까

뉴욕의 어느 미술가로부터 전 세계의 부가 몰려 있는 월스트리트의 부자들이 마지막에 하는 일이 그림 수집이라는 이야기를 들었다. 부자가 전혀 아닌 나도 그 말에 공감했다. 사람의 눈으로 '보는 것' 중에서 그림만큼 강렬한 쾌감을 주는 일은 없기 때문이다.

그림 보는 것을 좋아하지 않는 이들도 꽤 있다. 그들은 여행을 가면 유적지는 가도 미술관은 끌리지 않는다고 한다. 〈모나리자〉와 같은 세계의 명화면 모를까, 꼭 봐야 하는 유명한 그림이 있는 것도 아닌데, 굳이 미술관에 가야 하냐는 것이다. 예술 분야의 종사자들도 비슷하다.

디자이너나 사진가라 해도 의외로 미술 전시회를 즐기지 않는 사람들이 많다. 마치 업계의 비밀을 들춰낸 기분이다.

나는 그림 이야기 못지않게 미술관 이야기를 하는 것을 좋아한다. 마치 삭막한 도심의 숨겨진 비밀 정원처럼 묘사한다. 그런 이야기를 하면 그림에 큰 관심이 없는 사람에게서도 반응이 온다. "저도 한번 가봐야겠습니다." 그렇게 하여 자기 발로 찾아가면 성공이다. 미술을 잘 감상하는 방법 중 하나가 바로 좋아하는 미술관을 만드는 것이다. 어떤 미술관이든 상관없다. 유명한 미술관이 아니어도, 미술관을 자신이 좋아하는 장소로 느끼는 것만으로도 그림을 보는 태도가 달라진다.

그런데 그림을 보러 꼭 미술관에 가야 하는 걸까. 그곳에서 그림을 보면 뭐가 특별히 다른가. 물론 우리 일상 어느 곳에서나 미술과 관련된 것을 발견할 수 있다. 그런데 일상의 것들은 너무 익숙해서 그것이 가진 아름다움을 잘 느끼지 못한다. 미술관에 가면 일단 거리를 두고 대상을 바라보게 된다. 제대로 감상하기 위해 필요한 '거리'가 확보되는 것이다. 무엇보다 집중의 효과가 크다. 대상을 느끼기 위해 필요한 에너지가 모인다. 그런 경험이 있지 않은가. 전시회 하나를 보고 나오면, 길가에 놓인 별거 아닌 조형물도 뭔가 특별해 보인다. 집중해서 관찰한 에너지가 남아 있기 때문이다.

미술관에 가야 하는 더 분명한 이유는 이것이다. 세상에 좋은 그림, 유명한 그림은 다 미술관에 있기 때문이다. 그런 그림부터 보아야 재미도 생기고, 흥미도 생긴다. 그래서 미술에 처음 관심을 가지는 이들일수록 입장료가 비싸도 유명 화가의 전시회, 좀 멀더라도 유명한 미술관에 가보는 게 좋다.

내가 가장 좋아하는 미술관은 어디일까. 너무 어려운 질문이다. '제일' 좋아하는 건 언제나 변하기 마련이니까. 좋아하는 미술관이 많지만 자주 접한 곳이 먼저 생각난다. 자꾸 가본 곳에는 나만의 맥락이 있기 때문이다. 우선 일본 도쿄의 미술관들이 떠오른다. 상대적으로 자주 찾아간 곳들이었다.

우리나라에도 좋은 미술관들이 많다. 서울시립미술관과 예술의 전당은 누구나 쉽게 접근할 수 있는 곳이다. 최근 몇 년 사이 사설 미술관도 많이 생겨났다. 공공시설에서 미술 전시를 여는 경우도 많아졌다. 서울 동대문디자인플라자DDP가 그렇다. 접근성이 좋은 위치에 미술 전시도 활발하게 이루어진다. 이라크 출신의 여성 건축가인 자하 하디드가 설계한 DDP는 그 자체가 미술품으로, 세계 최대의 곡선 건축으로 이름이 났다.

서울 한남동에 위치한 리움미술관도 좋아한다. 건축가 마리오 보타, 램 쿨하스, 장 누벨이 참여해 지은 건물을 거니는 느낌이 각별하다. 디자인과 현대미술을 주로 다루는 일관성이 돋보이는 대림미술관과 D 뮤지엄도 즐겨 찾는 곳이다. 건축가 김수근이 설계했던 공간 사옥을 미술관으로 개조한 아라리오 뮤지엄도 그 건물의 역사가 느껴져 애틋한 곳이다. 회현동에 새로 생긴 피크닉도 유쾌한 곳이다.

책에 빠지지 않고 등장하는 세기의 명화들을 소장한 해외의 유명 미

파리 오르세 미술관

감상하는 데 장소는 지대한 영향을 미친다. 미술관에 가면 일단 이곳의 작품들이 소중하다는 것을 먼저 인정하고 들어가게 된다. 감상을 위한 최적의 맥락이 제공되는 것이다.

술관들은 말할 것도 없다. 파리의 오르세 미술관, 루브르 박물관, 피렌체의 우피치 미술관, 상트페테르부르크의 에르미타주 미술관, 스페인 마드리드의 프라도 미술관 등. 가는 곳마다 미술관은 필수 코스였다. 아무리 큰 미술관이라도 전 세계 미술품을 다 소장하고 있지 않으니, 여기저기 흩어져 있는 미술품을 보려면 부지런할 수밖에 없다.

각 미술관마다 전문 영역이 있고, 특화된 전시물이 있다. 미술관도 사람처럼 각각의 취향이 있는 것이다. 조각 전문 박물관처럼 특정한 분야를 다루거나, 누구누구의 미술관처럼 특정 화가의 그림만 소장하기도 한다. 꼭 특성화된 곳이 아니라고 해도, 그 미술관만의 관점이라는 게 있다. 그 관점은 미술관을 만들고 운영하는 사람의 의도와 맞닿아 있다.

미술관에 가면 소장 작품의 히스토리만이 아니라 그곳을 설립한 사람에 대한 관심을 가지는 것도 매우 좋은 일이다. 좋아하는 것이 생기면, 그 뒤에 있는 사람도 궁금해진다. 이 설립자는 무슨 사연이 있어서 미술관을 만들게 된 것일까. 그걸 알게 되면 미술관의 특성과 컬렉션의 방향이 이해가 된다. 감상할 맥락이 풍부해지는 것이다.

어떤 미술관이 각별해지는 이유는 다양하다. 소장품이 가장 중요하겠지만 그것만이 아니다. 각각의 미술관이 갖고 있는 공간적 특징은 미술 감상에 많은 영향을 준다. 인상파 그림을 주로 다루는 오르세 미술관이 그렇다. 옛 기차역을 개조해 만든 이 미술관은 미술품이 닫힌 공간에 갇혀 있는 듯한 답답한 느낌을 깨준다. 어두운 사각의 전시실이 아닌 확 트인 공간에서 인상파의 에너지가 더 강렬하게 다가온다.

살펴보면 좋은 미술관 치고 훌륭하지 않은 건물이 없다. 건물 내부의 시설과 동선, 색채와 조명, 하다못해 휴식 공간에서 파는 커피와 음식마저 치밀한 배려의 장치들을 갖춰놓는다. 여기에는 좋은 그림을 어느 하나 흠잡을 것 없는 조화와 균형의 상태에서 보고 느끼게 해야 한다는 전제가 깔려 있다. 아름다움이란 어떤 대상의 상태만을 의미하지 않는다. 그 아름다움이 어디에 어떻게 놓여 있는지에 따라 그 대상은 다채로운 빛깔로 번지게 된다. 미술관은 이 힘을 극대화해놓은 이상의 공간이다.

이처럼 무언가를 접촉하고 만나기 위해서는 접근의 디테일이 중요하다. 접근의 디테일이 얼마나 중요한지는 현대의 핫 플레이스들이 미술관의 분위기를 닮아가려고 하는 것만 봐도 알 수 있다. 기업들도 마찬가지다. 기업이 사옥 로비를 미술관처럼 꾸미거나 아예 갤러리로 운영하는 이유는 예술의 가치를 지키려는 노력이기도 하고, 자기 기업의 가치를 더 좋게 느끼게 하려는 의도이다. 또한 현대의 기업이라면 꼭 갖춰야 하는 미적 DNA를 갖기 위해서이다. 매일 접촉함으로써 미적 감각을 자극하는 것이다.

하나의 미술관이 좋아졌다면, 다음에는 어떻게 미술관들을 넓혀가는 게 좋을까. 특정 유파의 그림들을 쭉 찾아다니는 방법도 있다. 오르세 미술관에서 인상파 작가들의 작품을 마주한 다음에 파리의 쁘띠 팔레 Petit Palais 미술관에서 마티스의 그림을 보았다. 인상파로부터 영향을 받고 자신만의 독보적인 색채감을 구현한 마티스의 맥락이 더 잘 이해되었다. 마티스의 거대한 그림 〈군무〉 앞에서 호흡이 가빠지고 가슴이 두근거렸다. 앞에서 받은 감흥에 새로운 감흥이 더해져 증폭된 것이다.

하나의 미술관을 경험한 후 지리적으로 가까운 미술관을 찾아가며 감상의 행동반경을 넓혀가는 것도 좋다. 나를 중심으로 동심원이 퍼져 나가듯, 감상의 이력이 확장되는 느낌을 받게 된다. 나도 그렇게 했다. 독일의 미술관을 본 다음에 인근 국가들인 네덜란드와 오스트리아, 스위스의 전문 미술관으로 발길을 옮겼다. 독일 뮌헨의 노이에 피나코테크, 베른의 파울 클레 미술관을 거쳐 네덜란드 암스테르담의 반 고흐 미술관과 크뢸러 뮐러 미술관을 돌아보았다. 두 방법 모두 감상 능력을 키우는 데 좋은 방법이다.

이렇게 미술관들을 돌아보는 일은 매우 긴 시간을 필요로 한다. 길게 보고 찬찬히 경험을 쌓아가자. 내 경우에도 이들 미술관을 돌아보는 일이 만만치는 않았다. 일정이 빡빡해 밥 먹을 시간이 없어도 어떻게든 미술관을 찾아가 눈도장을 찍었다. 시간과 열정을 바치지 않으면 이들 미술관이 내게로 올 턱이 없다. 그러나 시간과 열정을 바치면, 그 이상의 희열이 남는다는 건 보장할 수 있다.

2

낯선 그림도 좋아지려면

한때 인상파 이후의 그림만 보러 다닌 시절이 있었다. 고전주의 그림이나 동양화 등은 별 관심이 없었다. 현대에 가까운 미술품일수록 지금의 내 삶과 그리 동떨어지지 않은 동질감이 좋았다. 여기에는 우리의 미술 교육이 주로 인상파 이후의 유럽 그림들을 다룬다는 것도 영향을 미쳤을 것이다.

　미술사에서 인상파의 역할은 절대적이다. 인상파를 전후로 고전미술과 현대미술이 갈라진다. 미술에서 '재현'을 최고의 가치로 여겼던 사고의 대전환이 이루어졌기 때문이다. 본 대로, 있는 대로, 있을 법한 대로 그리지 않아도 되는, '해석의 그림'이 나타나게 된 중요한 분기점이었다.

인상파 이후의 현대 그림을 이해하면서 '세계의 명화' 같은 수식어로부터 자유로워졌다. '세계의 명화'는 기본적으로 과거 미술의 역사를 이해하기 위한 참고 자료의 성격을 갖고 있다. 미술사의 흐름을 이해하기 위해 거쳐야 하는 기점들이다. 그러한 기점들을 이해하는 것도 중요하지만 잘못하면 이 기점들 때문에 선입견과 편견이 생겨 자유롭게 감상하는 태도를 갖기 어렵다.

이를테면 중·고등학교를 다닐 때 음악, 미술 시간에 배웠던 상투적인 내용이 평생을 지배하는 식이다. 음악의 아버지는 바흐, 어머니는 헨델이라는 식의 지식이다. 이런 수식어는 그들의 위대함을 쉽게 이해하게 도와주지만, 음악을 도식적으로 받아들이는 위험을 키운다. 교육이 이래서 무섭다. 진위가 중요하지 않다. 특정 정서로 가공된 관점이 그대로 이식되면 나만의 재미를 느끼기 힘들다.

미술에도 이러한 위험은 그대로 적용된다. 특히 우리나라는 근대 이후 서구 문명을 일본을 통해서 받아들였기 때문에 더 문제가 된다. 레오나르도 다빈치와 미켈란젤로 같은 화가의 신격화, 르네상스 시기의 미술과 일본 문화의 영향을 받은 일부 인상파 회화를 높게 평가하는 불균형이 있다. 최근에 많이 달라지긴 했지만, 과거 미술 교과서나 이론서는 일본의 것을 원전으로 삼았다. 내용을 토씨 하나 틀리지 않고 옮긴 것도 많았다. 우리의 관점에서 소화한 내용이 아니었다. 이렇게 한

번 편견이 자리 잡으면 이후 새로운 그림을 봐도 각인된 기억은 약해지지 않는다.

'세계의 명화'라는 개념은 과거, 그것도 아주 먼 과거가 된 시대와 그시대의 관점에서 본 유명한 작품만을 미술의 세계로 여기게 하는 장벽이 되기 때문이다. 그래서 사람들이 교과서에서 보지 못한 낯선 그림을 보면 감흥을 느끼기 어려운 것이다. 자기 주변의 미술관에 가서 새로운 작품을 보고는 별 감흥을 느끼지 못한다.

사람마다 좋아하는 그림이 다 다를 것 같지만, 생각보다 그렇지 않다. 개성이 다르니 각자의 기준에서 그림을 감상할 것 같지만, 많은 이들이 자신이 알고 있는 만큼의 지식과 그림 옆에 붙은 설명 이상의 감흥을 보이지 않는다. 이미 알고 있는 그림일 때 가장 반응이 크다. 책에서 본 유명한 그림의 원화를 보았을 때 가장 큰 감탄사를 흘린다. 그 이상의 필요를 느끼지 못하고 돌아서는 이들도 많다.

심미안을 기르려면 자신이 잘 모르는 낯선 대상과 마주했을 때의 첫느낌이 중요하다. 그 느낌을 어떻게 내 마음에 자리매김할 것인가를 생각해야 한다. 물론 명작은 위대하다. 익숙한 명작을 안내인 삼아 새로운 세계로 들어가기 때문이다. 그러나 그 안내자의 역할이 끝나면 스스로 미술을 여행하는 자발적인 탐험가가 되어야 한다. 너무 당연하게도 세기의 명작도 처음에는 다 낯선 그림이었다.

그러니 유명 화가의 권위에 크게 신경 쓰지 말자. 유명한 화가의 전시회라고 해서 갔는데 주요 작품들이 다 빠져 있어 실망하고 오는 경우가 있다. '내가 잘 느끼지 못하는 건가.'라는 한탄이 든다. 그럴 리가 없다. 아무리 위대한 작가라도 그 작가의 작품 안에서 우열이 있을 수밖에 없다. 미술사를 공부하다 보면, 때로 콩쿠르의 선정 기준과 이유가 얼마나 단순하게 결정되었는지를 알게 될 때가 있다. 놀랄 것이다. 그러니 명화 100선 같은 데 소개되지 않은 작품은 명화가 아니라고 생각하는 편견부터 버려야 자신만의 눈이 뜨인다.

우리는 현재를 산다. 바로 지금의 눈에서 무엇인가를 발견하는 게 중요하다. 익숙한 판단이란 과거에 근거한 경우가 많다. 예술은 이런 과거의 판단으로부터 계속 벗어나는 일이기도 하다. 누가 시키거나 알려주지 않은 것에 관심을 가지고, 그 관심을 표출하는 일이 필요하다.

살면서 경험하는 모든 일에는 연계성이 있다. 미술이 낯선 이들도, 자신이 하고 있는 일과 미술이 관련된 지점을 찾아보면 어디선가 발견된다. 사진가였던 나는 그런 점에서 유리했다. 세상의 모습과 형태를 파악하는 일에 익숙했다. 그러나 처음부터 미술을 좋아한 건 아니었다. 좋아하는 앙리 카르티에 브레송Henri Cartier Bresson의 초기 사진에서 회화성을 발견한 게 계기였다. 브레송의 사진에는 명화의 구도와 스타일을 접목하려는 시도가 깔려 있다. 이를 알게 되면서 회화에 관심을 갖게 되었다.

젊은 시절 브레송은 대학에 들어가지 못했다. 화가들의 아틀리에를 드나들며 어깨너머로 그림을 공부했다. 브레송 사진의 회화성을 이러한 이력으로 설명할 수 있다. 우연한 기회에 사진을 시작한 브레송이 일약 명성을 얻게 된 데는 이유가 있다. 사진의 속성을 정확하게 파악하여 순간 포착한 사진이, 철저하게 그림의 구도를 따랐다는 점이다.

사진다운 사진의 출발점이 되는 브레송이 회화 감각과 밀접하게 결합되어 있다는 점은 예술사에서 매우 중요하다. 머릿속의 구상일 뿐인 구도를 파인더에 비친 순간의 이미지로 잡아낸 재주가 브레송의 위대함이다. 브레송의 사진에서 생겨난 관심이 본격적으로 미술 분야로 옮겨 간 데는 주변 사람들의 영향도 컸다. 10대나 20대 시절에는 사실 미술 작품을 접할 기회가 별로 없었다. 미술관에 갈 기회도 많지 않았고, 무엇보다 시대 탓이었다. 암울하고 비참한 시대에 한가하게 그림이나 보러 다닐 수 없다는 죄책감이 있었다. 문화적 인프라도 빈약했다. 간간이 조악하게 인쇄된 책을 통해 그림을 접했을 뿐이다. 직장에 다니게 되면서 상황이 바뀌었다. 먼저 해외에 나가 명화를 직접 접해본 선배들의 이야기를 전설처럼 듣게 되었다. 너무 똑똑한 선배들이라 당시 나로서는 대화의 수준을 따라갈 수가 없었다. 오기가 발동했다. 틈나는 대로 전시회에 갔다. 책을 사서 공부를 했다. 그림에 빠지게 되는 과정이었다. 그 과정에서 가장 큰 경험은 실물과 마주했을 때의 감동이었다. 내 앞의 그림이 말을 걸어오고, 은유와 상징이 무엇인지 어렴풋이 다가오면, 그 느낌은 절대 사라지지 않았다. 보고 왔는데 돌아서서 또 보고 싶어졌다. 그렇게 낯선 그림도 받아들이게 된다.

모든 예술은 본질적으로 유사한 지점이 있다. 나는 그림을 그리지는 않지만 사진을 찍으면서 그림을 그리는 것과 비슷하다는 느낌을 자주 받는다. 사진을 찍는 일은 사진기라는 기계를 조작하는 일로 이루어지지만 그 전에 찍어야 할 것을 찾아내는 과정을 거치지 않으면 안 된다. 끊임없이 주변을 둘러보아야 한다. 그렇게 둘러본다는 것은 단순히 소재를 찾는 것을 넘어, 비치는 이미지의 일부를 선택해 잘라내고 정리하는 과정이다. 사진 또한 그림처럼 제한된 크기의 공간에 형태를 담는 일이다. 화가가 일정 크기의 캔버스에 그림을 그리는 문법과 비슷한 점이 있다. 짜임새 있도록 배치해 시선을 유도하고, 강조점을 넣어 눈에 잘 띄게 한다.

사진을 비롯하여 평면에서 시각적 전달을 하는 일들은 다 비슷한 방법을 쓴다. 바로 비례와 균형의 원칙이다. 프레임에 담길 사물의 모습을 재빨리 선, 면, 덩어리 등의 형태소로 파악해 적절히 배분하는 일이다. 사진만이 아니라 디자인, 광고, 편집, 방송 등 이미지를 다루는 모든 일에는 그림과의 유사성이 있다. 그런 관점에서 그림을 들여다보는 것은 내 일을 발전시키는 데도 좋은 훈련이 된다.

3

보고도 좋다고 못 느낀다면

초보자 시절 나에게도 명작이 좋은 안내인이 되어주었다. 그런 명작 중에 〈모나리자〉를 언급하지 않을 수 없겠다. 레오나르도 다빈치의 〈모나리자〉는 세상이 인정하는 명작의 조건을 다 갖춘 그림이다. 생각보다 작은 크기의 이 그림은 모호한 배경과 신비한 색채감이 기묘한 느낌을 준다. 구도의 완벽함, 수법의 치밀함, 흡인력 높은 여인의 얼굴, 여기에 미완성으로 남을 수밖에 없었던 이야기 등. 여러 극적인 장치가 완벽한 조화를 이루는 작품이다. 그림의 유명세에 천재 레오나르도 다빈치의 이야기까지 더해져 몰입도를 끌어올린다.

프란시스코 고야, 〈카르피오 백작부인〉

그림의 뒤에는 누군가의 내면이 있다. 묘하게 끌리는 사람과 마주한 듯한 느낌을 갖는 것이야말로 그림을 감상하는 가장 좋은 방법이다.

서양화의 원형과도 같은 밀레의 〈만종〉을 보았을 때의 기억도 생생하다. 실제로 〈만종〉을 마주하면 이 작품의 미술사적 권위와 위치는 생각도 나지 않는다. 대신 인간의 삶에 대한 깊은 애정이 온몸을 감싼다. 그런 감정에 푹 빠졌다가 돌아서면 그 작품의 권위가 더 강해져 있음을 느낄 수 있다. 루브르 박물관에 소장된 고야의 〈카르피오 백작부인〉을 봤던 순간도 잊을 수 없다. 단아한 기품을 지닌 귀족 여인의 자태와 쓸쓸한 얼굴 표정의 대비는 강렬했다. 강렬하지만 창백한 눈빛은 뭔가를 말하려 하는 듯했다. 머리에 꽂은 화사한 꽃과 달리 그녀는 이 세상의 존재가 아닌 듯 하다. 그림이 완성된 후 백작부인은 서른여덟의 나이로 죽었다. 외형을 표현하는 일이 지극하면 내면의 심리도 전달된다는 것을 느낄 수 있다. 수많은 그림이 즐비한 미술관에서 사람들이 고야의 그림 앞을 떠나지 못하는 이유이다.

우리 그림의 걸작 가운데 하나인 〈윤두서의 자화상〉도 직접 보면 보는 이를 단박에 사로잡는다. 형형한 눈빛과 머리칼의 생생함은 보는 이를 압도한다. 무섭다고 느낄 수도 있다. 화면 밖으로 튀어나올 듯한 생동감이 있다. 그림을 보고 있으면 저절로 그린 이의 강렬한 내면이 읽힌다. 이런 느낌을 주는 작품이 명작이다.

명작에는 사실 이유가 없다. 보고 나면 너무 좋다는 느낌이 저절로 든다. 역설적으로 명작일수록 왜 좋은지 말로 설명하기가 매우 어렵다. 난감한 일이다. 그래서 자꾸 직접 보라는 말을 하는 것이다. 예술의 전당 같은 공공미술관의 기획전에 몰리는 인파를 보면 국내에 미술 애호가들이 이렇게나 많았는지 놀라게 된다. 그들은 명작을 원화로 볼 기회를 놓치지 않으려는 것이다. 일상에서 쉽게 느끼지 못하는 절대적인 가치의 압도감을 확인하고 싶은 것이다.

명작은 기본적으로 긴 세월을 견딘 작품이다. 명작은 내가 태어나기도 전에 만들어졌고, 내가 죽고 난 다음에도 남아 있을 것이다. 세월이 아주 많이 흘러도 남아 있을 것이다. 시공을 뛰어넘는 불멸성을 이미 갖췄다. 한 번뿐인 인생을 사는 인간에게 시간에 맞서 변하지 않는 대상과 마주할 때의 경험은 강렬하다. 뛰어난 예술품 앞에서는 누구든 겸손해진다.

명작 중 화가가 살아 있을 때는 인정받지 못했던 작품을 대하면 그 감흥은 더 커진다. 빈센트 반 고흐가 대표적이다. 암스테르담의 반 고흐 박물관에 모여드는 전 세계 사람들은 고흐의 〈귀 잘린 자화상〉 앞에서 움직일 줄을 모른다. 칼로 자기 귀를 잘라내고 붕대를 칭칭 감고 그린 그의 자화상을 보면, 창조한 사람조차 알지 못하고 넘어간 위대함이 더욱 크게 다가온다. 너무 앞서간 그림은 시대와 불화한다. 불운한 이의 넋두리를 죽어서야 들어주고 있다는 애틋하고 미안한 마음이 든다. 고흐보다 불행한 삶을 산 이들이 한둘이 아니겠지만, 다만 다른 이들은 그림을 남기지 않았고 고흐는 남겨 영원의 삶을 살게 되었다. 이런 위대한 작품을 직접 보았다는 사실을 자랑하고 싶은 사람들은 입에서 입으로 반 고흐의 전설을 부풀린다.

예술은 시간을 덮어버릴 힘을 지니고 있다. 명작이 그 힘의 증거물이다. 명작은 동시대의 다른 어떤 작품과도 차별적이다. 그 당시에는 세상이 알아주지 않았으나, 이후에 사람들이 인정하게 된 것은 분명 달랐기 때문이다. 범작은 열심히 했지만 세상이 알아주지 않은 성과들이다. 나의 사진 작업 같은 거다. 남들과 다른 차별성을 만들어내지 못한 죄가 크다. 성실함이 면죄부로 통하지 않는 분야가 예술인 듯하다.

그런데 유명하다는 화가의 작품을 보고도 아무런 감흥이 없다면 어떻게 된 일일까. 괜찮다. 그림의 힘이 약했다는 뜻이다. 없는 감흥을 일부러 지어낼 수는 없다. 보는 이의 문제가 아니라 그린 이의 역량을 탓해도 된다. 간혹 함께 전시회에 간 사람들이 "이 작품은 좋은 그림인가요?" 이

뉴욕 현대미술관 모마, 빈센트 반 고흐 자화상

아름다움은 세월을 이기는 힘이다. 오늘 거절당했어도, 내일 반겨질 수 있는 가능성이다. 사람들이 시대와 불화했던 예술가들에게 더욱 애틋한 마음을 갖는 이유이다.

렇게 물어올 때가 있다. 그 질문을 하는 사람의 얼굴을 들여다본다. 모르겠다는 느낌에도 여러 종류가 있다. 불쾌한 기분이 들어서일 수도 있고, 뭔가 좋은 느낌이 드는 데 딱히 대단해 보이지 않아서일 수도 있다. 이도 저도 아니어서 난처해하는 것일 수도 있다.

그림도 음악과 똑같다. 들어서 쾌감을 주는 건 좋은 것이고, 불쾌한 건 나쁜 음악이다. 불협화음과 소음을 듣고 얼굴을 찡그리지 않는 이는 없다. 불쾌함은 쉽게 사라지지 않는다. 반면 좋은 음악은 기분이 좋아지고 반복해서 듣고 싶어지는 흡인력이 있다. 길을 가다 들리는 음악에 꽂혀 그 곡을 구입해 계속 듣는 사람들이 있다. 좋으면 누가 옆에서 말려도 끌린다. 그림도 마찬가지다. 좋은 그림은 봐도 또 보고 싶다.

다만 시각적 직감은 청각적 직감보다 덜 분명하기 때문에 헷갈리는 경우가 많다. 내가 이 그림을 좋아하는지, 아닌지를 판단하기 애매한 상황이 많다는 것이다. 듣기 싫으면 그 장소를 떠나거나 플레이어를 끄면 되는 음악과 달리 눈으로 보는 미술의 판정은 복잡할 수밖에 없다.

그림에는 '봐야 할 것들'이 꽤 많다. 화가가 오랜 시간 공들여 그린 것들이 짧은 시간 동시에 수용자의 시각 안으로 들어오기 때문에 헷갈리는 것이다. 어떻게 해야 할까. 빨리 이해하려고 하지 말고 찬찬히 훑어보며, 내 눈이 먼저 가는 것부터 받아들이면 된다. 그러기 위해서는 시간이 필요하다. 서로 이해할 충분한 시간을 주면, 감흥이 올라오는 데 도움이 된다. 아무리 위대한 그림도 볼 생각이 없는 사람에게까지 다가가지는 못한다. 그래서 그런 질문을 받으면 이렇게 말한다. 언제 기회가 되면 다시 한 번 바라보라고. 천천히 바라보면 그때 스스로 알게 될 거라고.

4

추상화와 동양화는 어떻게 이해하나

현대미술에서는 보는 사람이 불편한 감정을 느끼게 하려는 의도들이 많다. 현대미술은 외부 세계를 매끄럽게 재현하는 대신에, 시각적 불편함을 통해 인간 내면의 해석에 집중하게 하기 때문이다. 원근법이 깨진 그림, 도저히 형태를 알아볼 수 없는 추상화가 대표적인 예들이다. 형태를 포기한 추상화에서는 현실에서 볼 수 있는 어떤 구체적인 단서를 찾을 수 없다.

그래서 사람들은 추상화를 난감해한다. 추상화를 감상하는 법은 도대체 뭘까. 아무리 바라봐도 말문이 열리지 않는 그림을 어떻게 이해할 수 있을까. 이 그림이 저 그림 같고, 저 그림이 이 그림 같은데, 왜 사람들은 환호하는 것일까. 이런 의문이 드는 건 당연하다.

단도직입적으로 말하면 추상화에서 형태를 찾으려는 시도는 포기해야 한다. 작가에 의해 이미 해체된 형태가 보는 이의 눈에만 따로 조립될 일은 없기 때문이다. 추상은 출발 자체가 그릴 수 없는 것을 표현하는 것이기 때문에 어차피 상대의 이해를 구하지 않는다. 이를 아는 것은 중요하다. 입장을 바꿔 생각해보자. 차창 밖에 순간적으로 스쳐 간 인상과 풍경을 그린다면 어떻게 할 것인가. 스쳐 간 이미지는 재현할 수 없다. 어떤 희미한 느낌만 남아 있을 것이다. 그 느낌을 표현하려면 사물의 정확한 재현이 아닌 다른 방법이 필요하다. 이 지점에서 느낀 것을 추상으로 풀어내려는 작가의 고민을 이해하게 된다.

추상화가 전달하려는 것은 공중에 수없이 떠다니는 숱한 주파수와 같다. 정확하게 잡아내지 않으면 소음에 불과하다. 그러나 작가의 주파수와 나의 주파수가 맞았을 때 느끼는 쾌감은 대단하다. 내가 작가에게 '동조'하는 것이다. 그럴 때는 아무 형태가 없는 그림에서 형상이 떠오르는 환각을 보기도 한다.

몇 해 전 예술의 전당에서 열렸던 마크 로스코Mark Rothko 전시회에서 〈레드〉를 보고 기절한 관람객이 여럿 있었다. 전시회 주최 측이 알려준 사실이다. 이와 같은 현상을 '스탕달 신드롬'이라 한다. 아무런 형체 없이 붉은 색채만 있는 그림 앞에서 작가의 강한 고독과 절망을 읽어내고 신체적 기현상까지 겪은 것이다. 그 그림에 강렬하게 동조했던 이들에게 평생 지워지지 않을 경험일 것이다.

스탕달 신드롬같이 강렬한 경험은 아니어도, 형태를 파악하겠다는 욕심을 포기하고, 무엇인지 알 수 없는 그림조차 자세히 들여다보면 감상할 포인트를 발견할 수 있다. 칸딘스키, 클레, 잭슨 폴록과 같은 화가들의 그림은 먼저 그 색채가 주는 느낌에 빠져든다. 그 색채가 그저 골라졌거나, 우연히 뿌려진 게 아니라는 사실을 우리는 알고 있다. 무심코 뿌려놓았다고 하지만, 그럴 리가 없다. 수없이 마구 흩뿌려진 것 중에서도 화가는 어떤 것을 내놓고, 어떤 것을 숨긴다. 창작자의 머리에서 이미 고도로 계산된 미감의 표현이 있는 것이다. 수용자들도 마찬가지다. 어지러운 작품 중에서도 더 마음이 끌리는 작품이 있다. 인간이 보통 '아름답다'고 느끼는 어떤 특징에 의해 선호가 결정되고 있는 것이다.

결국 추상화는 '의도성'이 매우 강한 그림이라고 생각하면 편하다. 그 의도가 형태에 없을 뿐이다. 다른 요소로 대체하고 있는 것이다. 색채가 대표적인 예지만, 재료, 재질, 기법 등도 의도를 드러내는 중요한 요소가 된다. 미술에서 재료, 재질을 뜻하는 '마티에르matière'라는 단어가 화가의 의도를 뜻하는 미학적 언어가 된 것도 이 때문이다. 추상화에서는 그 화가만의 붓질, 그 화가만이 사용하는 재료의 두께 등 자신만의 기법을 가지는 것이 매우 중요하다. 형태 외의 요소로 의도를 표현하기 때문이다. 화가의 의도를 생각하면 그 화가에 대해, 그 화가가 처해있던 시대에 대해 자연스럽게 찾아보게 된다.

뉴욕 휘트니 미술관

현대의 미술은 재현보다 의도가 더 중요하다. 추상미술은 형태를 파악하는 노력을 버리고, 작가의 의도에 주파수를 맞추려 할 때 진정으로 다가온다.

현대미술에서는 애매한 표현으로 쾌감과 불쾌의 경계를 교묘하게 넘나드는 작품이 많다. 작가의 의도만으로 그 가치를 높게 쳐준다는 것이 도저히 납득되지 않는 작품들도 있다. 그래서 '미술은 사기다.'라는 말도 나오는 것이다. 그렇다고 '이 그림이 진짜 좋은 것이냐, 아니냐.'를 일일이 의심하면서 보면 오히려 괴롭다. 내가 잘 못 보는 것인지, 그림이 안 좋은 것인지, 이런 생각은 일단 접어두자. 만약 보기에 괴로운 그림이 있다면, 일단 피하자. 아직 서로가 마주할 준비가 안 되어 있어 벌어지는 일이다. 하지만 언젠가 제대로 마주할 수 있는 때가 온다. 그때가 오면 분명하게 알게 된다. 나에게는 왜 이 그림이 좋지 않은지를. 그렇게 설명을 할 수 있게 되면, 오히려 그 불쾌감은 멀리 사라진다.

추상화만큼 감상하기 어렵다고 하는 게 바로 동양화이다. 우리가 동양의 나라인데 오히려 서양화가 편하다니 아이러니하다. 나도 그랬다. 산수만 등장하는 흑백의 그림을 도통 이해할 수 없었다. 함께 관람하는 이가 먹의 농담을 느껴보라는데 내 눈에는 도통 심심하기만 했다. 느껴지지 않는 것은 느껴지지 않는다고 솔직하게 말하는 것이 나의 장점이기도 하다.

그런데 동양화와 서양화가 추구하는 이상향의 차이를 이해하고 나서는 동양화를 보는 눈이 달라졌다. 서양화의 시작은 기본적으로 재현이다. 고대 그리스 시대부터 그림은 피조물인 인간을 신에게 접근시키는 수단이었다. 신이 만든 피조물을 인간이 실제와 같이 그릴 수 있고, 만들 수 있고, 이를 반복할 능력이 있음을 증명하는 것. 이것이 예술의 목표이기도 했다. 신의 능력인 창조에 가깝게 가려는 열망이었다. 훗날 과학의 발달에 힘입어 등장한 사진, 축음기, 영화에 이르기까지 인간이 온갖 재현의 수단을 만들어냈던 데도 이와 같은 욕망이 깔려 있다.

동양은 달랐다. 현실을 다루는 것엔 관심이 적었다. 수양을 쌓아 이치를 깨우치고 도道를 실현하는 것이 중요했다. 보이는 것이 중요한 게 아니었다. 우리가 추구해야 할 것은 보이지 않는 것에 있었다. 동양화의 산수는 아무리 실제의 모습을 구현한 것이라 해도, 그 안에 인간이 본 적 없는 이상향에 대한 지향을 담고 있다.

세상에는 여러 동물이 있는데 잉어, 거북, 용과 같은 특정 동물만 그리는가. 세상에 수많은 식물이 있는데 매화, 난, 국화만 그리는가. 그 대상이 상징하는 바가 중요하기 때문이다. 그걸 알지 못하면 동양화를 보는 재미가 없다. 오늘날 과거의 동양화를 제대로 이해하기 위해서는 해설의 역할이 절대적이다. 왜냐하면 현대사회의 우리에게는 그 시대의 상징과 맥락에 대한 이해가 없기 때문이다. 단순하게 말하면 동양화도 형태보다는 그린 이의 의도가 중요하다. 추상화를 이해하는 것과 비슷한 독해법이 필요하다.

동양화에 대한 편견을 깬 또 하나의 계기는 '전혀 모르던 동양화'를 만나면서였다. 1990년대 후반 중국에 미술 공부를 하러 간 친구를 보기 위해 항저우를 찾았다. 항저우와 가까운 상하이 미술관에서 중국의 명·청 교체기의 승려 화가 팔대산인八大山人의 그림과 청나라 초 여덟 명의 개성파 화가들을 일컫는 양주팔괴揚州八怪의 그림들을 보았다. 동양화는 정적이라는 선입견이 산산조각 났다. 관념적인 산수 대신 눈앞에 돌아다니는 닭과 나뭇가지 위의 새가 그려져 있었다. 형태를 과감하게 생략한 파격에 놀랐다. 그런 생략을 통해 먹의 농담이 더 다채롭게 다가왔다. 먹의 검정만으로 진하고 옅음을 표현하는 그 절묘함은 서양화에서는 볼 수 없는 매력이었다.

여기서도 재료의 특징이 중요하다. 동양화의 재료인 화선지는 서양화의 캔버스와 다르다. 기름에 녹여 쓰는 물감은 캔버스 표면에 작가가 의도하는 만큼 묻는다. 반면 물을 스며들게 하는 종이는 여러 색을 쓰면 도리어 경계가 구분되지 않는다. 먹만으로 그리는 게 표현을 풍부하게 하기에 훨씬 수월하다. 그림의 재료가 수법을 결정한다. 먹의 진하고 옅음이라는 그 수법 하나만으로도 얼마나 강렬한 느낌을 줄 수 있는지를 그날 깨달았다.

이전에는 동양화에서 그와 같은 강렬한 미를 볼 수 있을 거라 기대하지 못했었다. 그만큼 무지했고, 본 게 없었다는 말이다. 내가 본 몇몇 작품이 동양화의 전부라고 생각했던 건 오만이었다. 평계를 대자면 그만큼 다양한 동양화를 볼 전시회가 없었기 때문이기도 하다. 다른 평계도 있다. 동양화 중 명작들은 대부분 크기가 크다. 족자 형태의 작품도 많다. 12폭 병풍을 다 펼쳐야만 보이는 그림도 있다. 다양한 크기의 서양화와 다르다.

또한 서양화는 작은 캔버스 안을 꽉 채워 다양한 색채와 형태를 담지만, 동양화는 여백의 미가 있어야 한다. 동양화야말로 그 실제 크기로 보아야 작든 크든 여백의 미를 제대로 느끼게 된다. 서양화는 크기가 축소되어도 내용을 읽어내는 데 큰 무리가 없다. 그러나 동양화에서 그 차이는 상대적으로 크다. 대부분의 미술책에는 동양화가 작게 인쇄되어 있으니, 그런 미를 상상하기 어려운 것이다. 한국 미술사 책을 만드는 편집자에게서 똑같은 고충을 들은 바가 있다. 장승업의 〈붉은 매화와 흰 매화 10폭 병풍〉은 책의 판형을 아무리 크게 해도 그 장대한 느낌을 담을 수 없어 속상하다는 것이다. 그러니 실제로 가서 보자. 동양화야말로 실물을 직접 봐야 감흥이 생겨난다.

5

전시를 즐기는 여섯 가지 방법

즐겨 찾는 미술관을 만들고, 직접 가서 눈으로 보라고 말하지만, 전시회에 익숙하지 않은 이들은 막상 전시회에 가면 어떻게 해야 좋을지 어색할 수 있다. 정답은 아닐 수 있겠지만, 도움이 되는 몇 가지 가이드를 꼽을 수 있겠다.

첫째, 웬만하면 유료 전시를 보자. 전시회는 상대적으로 공연보다는 초대권을 남발하지 않는다. 그리고 제 돈 주고 보는 전시라야 더 꼼꼼하게 보게 된다. 유료 전시는 대개 기획전인 경우가 많다. 그 기획 의도를 찾아보고 염두에 두면서 전시를 둘러보면 더 흥미롭다.

둘째, 볼만한 전시회를 정했다면, 같이 갈 사람을 잘 고르자. 주파수가 잘 맞는 사람과 함께 이야기를 나누다 보면 그림 보는 일이 훨씬 편하게 느껴진다. 취향이 잘 맞는 사람과 무엇이 좋았는지 이야기를 나누다 보면 감흥이 더 커진다. 작심하고 그림에 빠져보고 싶으면 혼자 보러 가자. 관람객이 적은 오전에 혼자 보는 것만큼 좋은 일은 없다. 전시장이 익숙하지 않은 이들은 옆에 있는 관람객조차 신경 쓰이기 때문이다.

셋째, 시간의 여유를 충분히 갖고 가자. 많은 사람들이 전시회에 가면 특정 작품 위주로 대충 훑어보고 나온다. 그리고 이런 말을 내뱉는다. "생각보다 별것 아니네." 평소에 대단한 것만 보고 살았다는 뜻인데, 당연히 그럴 리가 없다. 이런 반응은 오히려 대상을 잘 모르기 때문에 나오는 일이다. 나태주 시인의 시구처럼 무엇이든 자세히 보아야 아름답다. 오래 보면 더 사랑스럽다. 그러면 별것 아닌 그림이란 없다. 마음 바쁜 이들은 아무리 좋은 작품이라도 큰 감흥을 느끼기 힘들다. 감정 또한 고조되는 준비의 시간이 필요하기 때문이다.

특히 유명 전시회에 가면 사람들이 많고 동선이 꼬인다. 가까이에서 보고 싶은데 멀리서 스쳐 가듯 봐야 하는 경우도 많다. 그래서 시간의 여유를 충분히 두고 가라는 것이다. 어디 여행이라도 갔다 온다고 생각하고 시간을 잡자. 나는 미술관에서 나올 때마다 다리가 아프다. 별생각 없이 들어갔다 하더라도 그림을 보게 되면 진이 빠질 만큼 이리저리 걷기 때문이다. 미술관 안에서 만보계를 켜보자. 작심하고 걸어도 채우기 어렵다는 만 보가 넘어 있으면 성공이다.

넷째, 전시회의 정보를 챙겨보자. 미술이 어려운 이유는 사전에 알고 있는 정보의 양이 빈약하기 때문이다. 영화와 비교해보면 금방 알 수 있다. 영화와 관련된 정보들은 어디서나 넘쳐난다. 아주 디테일한 사실까지 미리 알고 가면 도리어 영화를 보는 재미가 있다. 숨겨진 쿠키 영상을 보려고 끝까지 앉아 있는 관객도 많다. 거기에 비하면 미술 전시는 눈감고 가는 거나 마찬가지다. 전시회장에 있는 팸플릿과 도록이 그다지 친절하지는 않다. 할 수 있으면 전시회에 가기 전에 관련 정보를 검색해보고, 전시를 다녀온 다음에도 풀지 못한 호기심을 해결하려고 노력하면 감흥이 더 오래간다.

다섯째, 본격적으로 작품을 감상할 때는 어떻게 해야 할까. 그림을 보는 데 정해진 방법은 없다. 강렬하게 다가오는 작품을 하나 정해 작정하고 그것만 세세하게 들여다보는 것도 좋다. 멀리서 먼저 보고 가까이서 보고, 가까이서 보고 또 멀리서도 보고, 그 선후도 상관없다. 다만 작품과 교감하는 에너지를 증대시킬 만한 조언들은 이런 것이다. 우선 그림은 '내'가 감상하는 것이다. 그림을 보면서 자신이 가진 추억, 자신이 알고 있는 역사를 떠올려보는 건 매우 좋은 감상법이다. 그림 속의 인물에서 자신이 아는 사람을 떠올리는 것도 좋다.

자신이 화가라고 생각하고 어떻게 그렸는지를 생각하면서 보는 것도 큰 도움이 된다. 이런 재료를 어디서 구했을지, 어떻게 스케치했을지, 그 화가의 입장이 되어 그림을 보면 세세하게 이해가 된다.

전시회장에 가면 관람 동선이 있다. 꼭 그 동선을 꼭 따라야 하는 것

구스타프 클림트 〈죽음과 삶〉, 비엔나 레오폴드 미술관

은 아니지만, 관람 동선이 있는 데는 이유가 있다. 전시회의 기획 의도를 반영하고 있기 때문이다. 전시물 전체의 맥락을 파악하는 일은 매우 중요하다. 이 작품을 이렇게 전시한 의도, 이 작품이 놓여 있는 맥락을 이해하면서 보아야 엉뚱한 해석을 하지 않을 수 있다.

그리고 그림 옆에 있는 설명은 꼭 꼼꼼히 읽어보라. 설명을 먼저 읽든, 그림을 먼저 보든 그 순서는 상관없다. 나는 설명을 나중에 읽는 편이다. 내용을 미리 알면 감흥의 범위가 줄어드는 것 같기 때문이다. 하지만 읽고 보아도 상관없다. 이 일이 익숙해지면, 그 선후가 중요하지 않다는 것은 자연히 알게 된다. 작품의 형태, 빛, 구도 등에 너무 신경 쓰지 않아도 된다. 그런 걸 분석하는 일은 그림을 그리거나 평가를 해야 하는 이들의 몫이다. 감상자 입장에서 중요한 것은 그림이 풍기는 힘과 내용의 공감이다. 화가의 에너지를 느끼고 주파수를 맞추는 일이다.

여섯째, 마음에 드는 작품을 발견하면 사진을 찍자. 안 그래도 여기저기서 스마트폰 카메라 공해에 시달리는데 전시회에 가서도 그래야 할까. 그러나 사진을 찍는다는 건 그만큼 내 마음에 들어왔다는 증거다. 전시회를 다녀온 다음에 관련 책을 찾아보는 것도 좋지만, 자신이 직접 찍은 사진을 들여다보는 것처럼 감정을 고조시키는 일은 없다. 모방품을 방지하기 위해, 작품의 훼손을 막기 위해 사진을 못 찍게 한다지만, 플래시를 마구 터트리지 않는 바에야 사진을 찍지 못할 이유가 크게 없다. 국내 미술관에서 못 찍게 하는 사진을 외국의 유명 미술관에서 마음껏 찍었을 때 얼마나 속이 후련했는지 모른다. 이제는 많은 곳에서 사진 찍기를 허용

숨은 의도를 발견하는 기쁨, 미술

하는 추세다. 잘 모르는 그림인데 뭔가 마음에 든다면 사진을 찍어두고 돌아온 다음에도 자꾸 들여다보자. 좋아하는 것은 익숙해진 것이기도 하다.

6

미술관 밖에서 미술 만나기

미술 감상의 단계를 지나 수집의 단계로 넘어가는 이들도 있다. 소유욕
은 자연스러운 욕망이다. 결혼을 하는 일과 비슷하다고 생각한다. 결혼
은 사랑을 독점하는 일이다. 소유해야 안심이 되는 마음의 공증장치인
셈이다. 예술도 마찬가지다. 좋아하는 작품의 목록이 늘다 보면 가지고
싶은 마음도 생긴다. 미술품 수집은 엄청난 부가 있어야만 하는 일이
아니다. 벽에 작아도 힘 있는 그림이 한 점만 걸려 있다면 내 삶의 공간
이 확 달라진다.

　미술을 좋아하는 친구 하나는 직장을 다니며 틈나는 대로 미술관 출

입을 했다. 잘하는 사람도 꾸준히 하는 사람에겐 못 당한다. 어느새 성장한 감식안으로 열성적인 미술품 컬렉터가 되었다. 좋은 그림을 찾아 내 집에 걸어놓고 볼 요량으로 하나둘 모은 컬렉션은 삶의 풍요를 이끄는 중요한 자산이 되었다. 그는 미술품 수집을 통해 삶의 풍경이 바뀐 경험을 내게 들려줬다. 작가가 되어 예술품을 생산할 순 없지만 일상에 예술품을 끌어들이는 삶을 만드는 일은 도전해볼 만하다.

요즘에는 일반인들도 미술품 경매에 대한 관심이 크다. 미술품 경매 시장을 들여다보면 어느 날 갑자기 무명 화가의 그림이 비싸게 거래될 때가 있다. 그런 경우를 보면 궁금해진다. 도대체 저 그림이 좋은 그림인지 아닌지 어떻게 알 수 있는 걸까. 미술품 거래상과 예술 행정 분야의 전문가에게 똑같은 질문을 해보았다. "좋은 그림을 알아보는 눈은 어떻게 길러집니까?" 대답이 싱거웠다. "전국의 미대 졸업전시회를 유심히 보세요. 그리고 마음에 드는 젊은 작가의 작품을 발견하고, 그 작가의 작업을 계속 지켜보세요. 당신의 확신과 작가의 성장이 일치하면 성공입니다. 얼마 지나지 않아 모두가 감탄하는 그림을 얻게 될 겁니다." 마치 주식과 비슷하다는 생각을 했다. 저평가된 우량주를 알아보면 된다는 게 아닌가. 그러나 예술은 주식과 같은 객관적 지표가 없다. 게다가 잘 팔리는 작품과 좋은 작품은 겹치기도 하지만 별개이기도 하다. 시장의 판단은 언제든지 바뀔 수 있다. 미술 전문가들은 의외로 작품을 많이 사들이지 않는다. 그림의 가격 구조를 너무도 잘 알고 있는 탓이다. 미술품 수집은 결국 안목과 행운의 영역이다.

그러니 답은 역시 '그림은 그림으로 좋아서 즐기자.'이다. 미술품을 수집하려는 사람들 중에서도 이렇게 즐기는 이들에게 행운이 돌아갈 확률이 높다. 그래서 유명세를 따지지 않는 게 좋다. 작가의 유명세를 따지는 건 미술품을 투자의 관점에서만 보는 편협한 일이다. 미술은 아름다움을 즐기는 여러 방식 중 하나이고, 감상자가 새로운 자유로움을 느끼는 일이다. 세상에 존재하는 다채로운 미술 행위에 공감하고 동참하는 그 경험 자체가 훨씬 크고 건강하다.

비엔나 공항에 내리면 제일 먼저 클림트의 황금빛 그림을 마주하게 된다. 옆에는 커다란 글씨가 적혀 있다. "세상에서 가장 유명한 키스The most famous kiss in the world." 이 그림 옆을 지나가노라면 여행이 벌써 황홀하다. 명작의 힘 덕분에 한 나라의 첫인상이 이토록 강렬하게 전달될 수가 없다.

이미 미술은 화가의 캔버스 밖을 나가서 세상과 뒤섞이고 있다. 살바도르 달리가 그린 막대 사탕 츄파춥스의 포장지가 대표적인 예이다. 츄파춥스 같은 사례가 아니더라도, 미술이 실용의 세계에 인용되는 사례는 매우 흔하다. 와인의 라벨에 명화가 들어가는 경우는 쉽게 볼 수 있다. 프랑스 와이너리의 강자 샤또 무똥 로칠드에선 오래전부터 피카소, 미로와 같은 화가의 그림을 라벨에 인쇄해왔다. 그 범위가 현대미술 작가들에게 뻗친다. 몇 년 전부터 한국이 자랑하는 세계적 작가 이우환의 그림도 여기에 합세했다.

스웨덴의 주류 브랜드 앱솔루트는 흰색 병을 캔버스 삼아 세련된 디자인을 선보인다. 스칸디나비안 디자인을 말할 때 빠지지 않는 곳이 앱솔루트다. 자신들의 술이 좋다는 화려한 카피 따위는 쓰지 않는다. 콘셉트에 어울리는 단어와 현대미술에서 차용한 이미지를 넣는다. 앱솔루트의 아트 컬래버레이션 시리즈 때문에 술보다 술병을 모으는 사람들이 있을 정도다.

앞으로 미술이 상품과 광고에 활용되는 사례는 늘어날 것이다. 상품이 이미지로 소비되는 시대에 아트 마케팅은 더 강해질 수밖에 없다. 여기에도 고민은 있다. 너무 유명한 그림을 그대로 사용하면 식상하고 새로운 그림들은 눈에 익지 않아 대중이 잘 모른다. 기업들의 아트 마케팅은 이 사이에서 답을 찾으려고 노력한다. 이런 아트 마케팅을 상술이라고 여기지 말고 눈여겨보는 것도 미적 감각을 키우는 방법이다.

미적 감각은 사람을 움직이게 하는 가장 추상적인 힘이다. 그런 점에서 나는 기업가들이 갤러리를 운영하는 것을 좋게 생각한다. 귀족 사회로부터 이어진 습관이지만, 그 습관이 만인이 누릴 수 있는 창작과 아름다움의 좋은 토양이 되는 것이라면 그 어떤 공공 활동이나 기부 활동만큼 가치가 있다고 생각한다. 미술에 관심이 많은 기업가들을 들여다보면 기업의 혁신이나 광고를 위한 기능적 이유 때문에 미술에 관심을 가지는 것 같지는 않다. 의외로 그들은 인생의 행복에 대한 진지한 고민으로 예술을 가까이 한다.

열심히 부를 일궈 성공과 명예도 얻었다. 세상의 온갖 흥미로운 일도 해보고, 여행도 많이 다녀보았다. 그런데 깊은 만족이 없다. 이럴 때

비엔나 공항의 클림트 그림

명작의 아우라만큼 사람들을 설득하는 강력한 아우라는 없다. 사람들이 예술을 선망하는 건,

아름다움만큼 강한 힘이 없기 때문이다.

보통 예술의 세계로 눈을 돌린다. 많은 것을 경험한 사람일수록 그들의 마지막 선택은 아름다움을 탐색하는 것으로 귀결된다.

그러나 이 일이 생각보다 쉽지 않다. 몇 년 정도는 미술관 순례도 다니곤 하지만, 그 관심과 애정이 지속되기 어렵다는 것을 깨닫는다. 그때야 깨닫는다. 예술이라는 세계가 만만치 않음을. 이 지점에서 많은 이들의 선택이 엇갈린다. 이때 포기하지 않고 구체적으로 아름다움의 세계를 제 공간에 끌어들이는 이들이 있다.

평생 예술 경영을 실천한 이가 있다. 그는 예술 애호가로서 전 세계에 흩어져 있는 아름다움의 실체를 직접 접했다. 바쁘고 빡빡한 출장길에도 현지의 미술관을 찾는 수고를 아끼지 않았다. 일회성으로 지적 허

독일 클레 호텔 복도

캔버스에서 느낀 감동을 삶의 공간으로 끌어들이는 이들이 있다. 클레 호텔은 현대 추상회화의 대가 파울 클레의 색, 형태, 조형들로 이루어졌다. 이곳에서 묵는 시간이 더 특별해진다.

영을 충족하고자 하는 행동도 아니고 과시하는 행동도 아니었다. 아름다움에 대한 존경심으로 하는 행동이라고밖에 설명할 수 없다. 그는 자신의 공간에 미적 세계를 끌어들였다. 회사에 아름다운 정원을 만들어 직원들이 거닐 수 있도록 했다. 미술관과 음악홀을 만들어 수시로 체험을 공유했다. 좋은 공연이 있으면 관람을 지원했다. 예술 체험을 인사고과에도 반영하기도 했다. 처음에는 직원들이 불편해했다. 모르는 분야에 대한 관심과 지식을 강요받는 느낌이었을 것이다. 그러나 모든 불편함은 반복으로 익숙해진다. 자주 보고 듣고 느끼면서 교감의 경험이 쌓여갔다. 그런 교감은 자신들의 삶의 질을 살피는 의지로 바뀌었다.

이 회사에서는 단순한 업무를 하는 생산직 직원들조차 획일적 지시에 따르지 않는다. 스스로 판단하며 더 나은 방향을 제시하고 논의하는 자율적 조직으로 바뀌고 있다.

그 기업가에게 물어보았다. "왜 예술이 즐겁습니까?" 이렇게 답했다. "아름다움은 느낄 수는 있지만 만들어내기가 어렵습니다. 그래서 이 아름다움이 어떻게 만들어지고, 어떻게 우리에게 전달되는지를 알아가는 재미가 매우 깊습니다. 직접 보고 직접 들어야만 그 깊이를 알수 있습니다. 다른 어떤 일보다도 매번 새로운 흥분이 함께하는 일입니다." 나는 그 기업가의 가치를 알아보는 능력이 커지고 있음을 느낄 수 있었다. 영감의 원천이 되는 창조적 행위를 읽어내는 일을 의무적인 일이 아니라 하나의 재미있는 놀이로 받아들이고 있었기 때문이다.

아름다움을 느끼게 되면, 느끼는 것으로 끝나지 않는다. 행동이 일어나고 생각이 바뀐다. 그러다 보면 미술관 밖에 있어도 미술관 안에 있는 것 같은 느낌이 든다. 그것이 자기 관점으로 미술을 감상하게 되었다는 증거다.

Part 3

지금 이 순간만 사는 행복, 음악

음악은 상처 난 마음에 대한 약이다.

알프레드 윌리엄 헌트

1

시간의 질서를 느끼다

예술가들을 만나면 다른 분야보다 음악에 조금 더 특별한 경외심을 갖고 있다는 것을 종종 느낀다. 미술을 비롯하여 대부분의 예술 장르는 주로 시각을 통해 전달된다. 그에 비해 소리를 사용하는 예술인 음악은 어느 예술보다 직감적이다. 음악은 들으면서 잠을 청할 수도 있다. 심지어 노래를 들으면 잠이 더 잘 오기도 한다. 어린 시절 라디오를 틀어놓고 자거나, 이어폰을 꽂고 잔다고 부모님께 한소리 들었던 기억들이 있을 것이다. 그만큼 음악은 의식적인 노력을 하지 않고도 충분히 느낄 수 있고, 도리어 의식을 이완시킬 수 있는 예술이다. 때문에 다른 예술 장르에 비해

베를린 거리의 연주자

음악만큼 몸이 바로 반응하는 자극은 없다. 음의 세계는 너무나 정직하기에, 그 세계에서 꿈을 꾸는 이들도 많은 것이다.

인간의 본성과 직관에 가깝다는 어떤 인정과 부러움이 있음을 느끼곤 한다.

음악의 직감성은 몸이 먼저 반응하는 예술이라는 점에서도 확인할 수 있다. 음악을 들으면 신체가 먼저 반응한다. 아프리카의 민속 음악을 들으면 나도 모르게 어깨가 들썩인다. 수도원에서 성가가 흘러나오면 자세를 고쳐 앉게 된다. 영결식장에서 장송곡이 흘러나오면 잘 모르는 이의 죽음이라 해도 슬픔이 복받친다. 옛 전쟁터에서 맨 앞에 악대가 배치되었던 이유이기도 하다. 북소리와 나팔 소리만큼 병사들의 사기와 전의를 북돋우는 장치도 없다. 전장의 음악은 앞으로 나아가길 부추기며 감정을 고양시킨다. 반대로 구슬픈 선율을 흘려보내 적군이 감상에 젖게 하는 심리적 전술을 썼다는 이야기도 전쟁사 곳곳에 등장한다. 그만큼 음악은 어떤 이해의 전제나 조건을 따지지 않아도 되는 것이다.

음악은 누구나 소통하는 직감의 언어이다. 말이 안 통하는 여러 나라 사람이 섞여 있는 곳에서도 흥겨운 곡이 연주되면 서로 어울려 춤을 춘다. 여행을 가면 좋은 음악을 틀어주는 클럽이나 바에 가기를 권한다. 그곳에서는 처음 만난 이들도 쉽게 어울릴 수 있다. 내가 좋아하는 음악을 함께 좋아한다는 이유만으로도 낯선 이에게 호의적이다. 언어의 장벽도 쉽게 넘는다.

미감은 여러 자극 중 소리에 가장 정확하고 빠르게 반응하는 특성이 있다. 다른 예술에 비해 음악에 대해서는 '좋다'라는 판단도 훨씬 빠르고 보편적이다. 다른 예술 분야의 판정은 애매한 점이 많다. 보는 사람에 따라, 보이는 방법에 따라 다르게 느껴진다. 좋고 나쁨을 바로 알아채기 힘들기도 하다. 예를 들어 조각품은 설치되는 장소에 따라 멋지게 보일 수도 있고, 형편없는 장애물에 불과한 것이 될 수도 있다. 하지만 길거리에서 멋진 음악이 나오면 그 장소가 어디든 귀를 기울이게 된다. 거리의 무명 악사들은 인간의 귀가 갖고 있는 아름다움에 대한 '본능적 정직함'을 믿고 거리로 나오는 것이기도 하다.

그 본능의 정체는 기본적으로 '조화로움'이다. 조화롭다는 건 듣기 편하고 밝은 음색만을 뜻하지는 않는다. 사람을 슬프게 하는 음악도, 긴장하게 하는 음악도, 그 목적한 바에 맞게 조화롭다. 혼자 노래를 부를 때를 생각해보면 쉽게 이해된다. 혼자 부를 때는 어떻게 불러도 별문제가 되지 않는다. 들어줄 만하다. 그러나 여럿이 노래하게 되면 불편한 지점이 생기기 시작한다. 각 개인이 아무리 노래를 잘 불러도, 서로 어울리지 않으면 소란스럽고 시끄럽다. 조화롭지 않으면 바로 귀에 거슬린다. 그래서 실제 소리와 관계없이 더 크게 느껴진다. 우리가 어떤 음악을 '좋지 않다'고 느낄 때 '시끄럽다'라고 말하는 것도 이 때문이다.

음악의 좋고 나쁨은 본능적으로 알 수 있다. 그러나 노래는 좋아하지만, 음악에 대해서 잘 아는 바는 없다고 말하는 이들이 꽤 있다. 음악에 대한 취향과 지식의 정도가 사람마다 매우 다른 것이다. 음악 장르 사이에서의 간극이 큰 것이다. 대중가요를 좋아하는 사람과 클래식을 좋아하는 사람은 아예 다른 종류의 사람인 것처럼 느껴진다. 다른 장르의 공연은 좋아하면서도 클래식 공연을 들으러 가면 이유 없이 경직된다. 음악 평론가들이 추천하는 곡들을 살펴보면 대부분 들어본 적도 없는 곡인 데다가 난해하다. 그림은 한번 그려볼까 하는 생각이 들지만, 작곡은 엄두도 못 낸다.

간극이 크다는 것은 음악의 세계가 너무나 방대하다는 다른 표현이다. 장르를 이르는 용어도 매우 다양하고, 조금이라도 이름 있는 가수, 연주자, 지휘자 등은 그 수를 헤아릴 수 없이 많다. 이 순간에도 전 세계에 새롭게 태어나는 음악의 수가 엄청날 것이다. 알아야 할 정보가 이토록 많은 세계에서 익숙하지 않은 음악 장르에까지 호기심을 가지는 일은 만만치 않아 보인다. 그러나 음악의 강력한 직감성이 어디에서 오는지를 이해하면, 어떤 음악도 두려움 없이 마주할 수 있다. 다른 예술에 비해 음악이 갖고 있는 고유한 특질은 뭘까. 음악이라는 예술이 추구하는 궁극적인 목표, '본령 本領'은 무엇일까.

세상의 모든 예술 행위는 구체적 재료를 써서 추상의 목표, 어떤 완성에 도달하려는 과정이다. 건축은 철근, 콘크리트, 유리와 같은 재료를 써서 의도한 형상을 만들어간다. 미술은 물감을 비롯한 각종 재료로 이미지를 만들고 형태를 만든다. 문학은 단어를 조합해 문장을 만들고, 그 문장으로 전체적인 서사와 전달하려는 메시지를 만들어낸다. 반면 음악은 다른 예술에 비해 과정보다 결과를 먼저 생각해야 하는 측면이 강하다. 악기를 쓰기는 하지만 소리라는 추상적 재료로 음악이란 구체적 완성으로 다가선다. 작곡 과정을 보면 완결된 음악적 '상象'을 먼저 떠올리고, 그 전체적인 상을 각각의 악기로 해체시켜 흐름을 만드는 방식으로 이루어진다. 다른 예술에 비해 훨씬 더 연역적임을 알 수 있다.

음악이 갖는 가장 뚜렷한 특징은 시간의 질서에 강하게 좌우된다는 것이다. 음악은 음을 시간의 질서를 통해 조화롭게 만드는 예술이다. 자연스럽고 듣기 좋은 조화를 만들기 위해 소리가 나오는 순서와 길고 짧은 음을 배열한다. 이렇게 만들어진 시간의 질서는 감상자가 오롯이 받아들여야 하는 것이 된다. 음악은 창작자가 의도한 시간을 그대로 받아들이는 예술이다. 아무리 급해도 압축한 음악은 파악할 수가 없다. 비디오는 몇 배 빠른 속도로, 혹은 느린 속도로 재생해도 그 내용을 파악할 수 있다. 미술관에서 그림을 감상할 때도 찬찬히 보아도 되고, 빠르게 보아도 된다. 사람마다 관람하는 속도가 다르다. 문학도 읽는 사람마다 속도가 다르다. 하지만 소리는 압축되는 순간 전혀 알아들을 수 없는 소음이 된다. 4분 50초 동안 들어야 하는 음악은 4분 50초를 지켜들어야만 공감할 수 있다. 음악을 감상한다는 것은 규정된 시간의 질서에 공감하는 일이다.

나는 음악을 들을 때마다 변형과 왜곡과 압축이 당연하게 여겨지는 세상에서 그렇지 않은 것을 지켜가고 있는 듯한 기분이 든다. 음악에 담긴 그대로의 시간에 내가 놓일 때 생기는 '감정의 동조'는 무엇과도 비교할 수 없는 강한 압력이다. 꼼짝없이 감정이 고조되는 자의 기쁨이다. 아마 다른 예술가들이 음악가들에게 갖는 부러움 중의 하나는 이것이기도 할 것이다. 음악가는 자신이 축조한 세계에 사람들을 꼼짝없이 가두어놓는 능력자인 것이다.

그런 시간 속에 갇히는 경험을 즐겨야 음악을 좋아하게 된다. 다른 장르에 비해 클래식 마니아의 수가 적은 것은 이와도 관련이 있다. 듣는 시간을 단축할 방법이 없는데, 연주 시간이 긴 클래식 음악은 상대적으로 긴 인내를 필요로 한다. 경험할 수 있는 곡의 수가 적을 수밖에 없다. 더 많은 노력이 필요하기에 대중화에 불리한 것이다. 반면 시간과 공을 들여 클래식을 접하게 되면, 열혈 마니아가 될 수밖에 없는 측면도 존재한다. 애착은 자신이 들인 공에 비례하기 때문이다. 그러니 어떤 노래든 처음에는 좀 답답하더라도, 끝까지 들어보려 노력하는 게 중요하다. 중간에 도망가서는 알 수 없는 세계가 음악의 세계이기 때문이다.

사라지기에 가슴에 남는다

음악의 특별한 점은 단연 그것이 '사라지는 예술'이라는 것이다. 음악은 연주되고 재생되는 그 순간에만 존재하고 사라진다. 현재만 있는 예술이다. 사라지는 아름다움이기에 더욱 강렬하다. 그 강렬함을 가장 잘 느낄 수 있는 방법은 현장에서 듣는 것이다.

현대사회에서는 라디오, 오디오, TV, 스마트폰 등을 통해서 음악을 쉽게 재연하지만, 원래 음악의 본질은 현장에서 공연되고 사라지는 음의 순간성에 있다. 나는 음악 감상, 특히 클래식에 영 취미가 없다는 이들에게 좋은 공연을 직접 가서 들어보라고 애원하듯이 권한다. 정제된 음반을 좋은 오디오로 듣는 것도 좋지만, 허공으로 사라지기에 더 가슴에 남는 음의 세계를 느끼기에는 직접 가서 듣는 것 이상이 없다.

미술에서 '원본의 아우라'를 중시하는 이유가 무엇일까? 화가의 손이 닿아 만들어진 그림을 실제로 마주하면 캔버스의 크기를 확인할 수 있고, 물감을 어떤 방식으로 썼는지 알 수 있고, 그린 과정을 유추해볼 수 있다. 사진이나 복제품에서는 느낄 수 없는 리얼리티가 감흥을 더해준다. 원본에서 풍기는 압도감은 대체 불가이다.

음악의 '원본'은 현장성이다. 말장난 같지만 재연되는 미술은 미술이 아니고, 재연되지 않는 음악은 음악이 아니다. 음악은 다른 예술과 달리 매번 새롭게 태어나지 않으면, 즉 오늘이라는 시간에 재연되지 않으면 죽어버린다. 끊임없이 재연될 때 그 미감의 깊이가 드러난다.

그러니 실제 연주되는 걸 듣는 것보다 더 큰 감동을 느낄 방법은 없다. 여기에는 시각적 역할도 매우 크다. 연주자, 악기, 무대, 관객 등 시각적 효과가 더해지면 감흥은 예상하지 못한 방향으로 커지기 때문이다. 음악의 외적 요소인 공간은 특히 중요한 역할을 한다. 뉴욕의 카네기홀처럼 오랜 전통의 연주홀이 지닌 의미와 권위는 연주의 격을 보증해주는 장치이다. 아무나 쉽게 오를 수 없는 무대라는 신뢰를 주기 때문에 더 집중해서 듣게 된다.

듣는 이들에게만 공간이 의미 있는 게 아니다. 까다로운 음악가들은 연주 장소를 가린다. 자신의 음악이 최상의 상태로 관객에게 전달되기를 바라는 것이다. 연주의 기량을 극대화하고 관객의 귀를 집중시키는

베를린 코믹 오페라 하우스

허공에 사라지고 마는 음의 아름다움을 가장 강렬하게 느끼려면 연주되는 현장에 있어야 한다. 음악의 현장인 공연장의 권위는 연주자에게도 감상자에게도 매우 중요하다.

좋은 장소의 효과는 대단하다. 1888년에 지어져 세계 최고의 음향을 자랑하는 암스테르담의 콘세르트헤바우 홀에서 들었을 때, 멘델스존이 상임지휘자로 있었던 라이프치히의 게반트 하우스 연주홀에서 들었을 때, 그때의 음향은 대단했다. 깃털이 떨어지는 소리까지 들린다는 정밀함 덕분에 오케스트라의 진면목을 온전하게 느낄 수 있었다.

공연장은 음을 가장 잘 전달하게끔 설계된 곳인 만큼 각각의 악기가 들려주는 음향도 더 잘 구별되어 들린다. 여기에 각각의 악기가 연주되는 모습을 눈으로 볼 수 있기에, 음을 더 세심하게 나누어 들으려는 심리도 작동한다. 그렇게 되면 화음 사이사이 들어 있는 음의 디테일을 체험하게 된다. 공연장에 다녀오고 나서 평소 관심이 가지 않던 금관악기나 팀파니, 심벌즈 같은 타악기가 매력적으로 다가왔다는 이들이 많다. 그런 경험을 하고 나면 각 악기의 음색을 유심히 들으려는 태도가 생겨난다. 이런 태도는 자기만의 음악 취향을 갖는 데 큰 도움이 된다. 음악 애호가들이 갖고 있는 습관 중의 하나도 한 곡 안에서 각 악기의 음색을 구별하여 듣는 것이다. 이는 꼼꼼하게 책의 행간까지 읽어내는 것과 같다. 언어에 대한 감각이 높아지면 단어 뒤에 붙는 조사의 선택이 신중해지듯이, 음악도 그렇다.

유명 오케스트라의 역량은 어디서 판가름이 날까. 인원이 많은 바이올린, 비올라, 첼로가 아니다. 주요 악기를 다루는 단원들의 기량은 오케스트라별로 크게 차이 나지 않는다. 평소 부각되지 않는 오보에, 바순 같은 관악기 연주자나 팀파니, 심벌즈 같은 타악기 연주자의 역량에 더 좌우된다. 같은 연주를 비교해서 들어보면 그 차이를 더 선명하게 알 수 있다. 잠깐 등장하는 목관악기의 짙은 울림만으로 한 악장의 인상이 확 바뀌는 경우도 흔하다. 마음에 드는 클라리넷 연주자를 영입하기 위해 오케스트라 전 단원과 불화를 빚었던 카라얀과 같은 지휘자도 있었다.

각 악기의 음색이 가장 적절한 타이밍에 모여 음악이 된다. 각각의 중요성을 알고 귀를 쫑긋하게 기울이는 감상의 태도가 이래서 필요하다. 이 디테일을 한번 알게 되면 자꾸 듣고 싶은 중독성이 생긴다. 이 때문에 오디오 마니아들이 줄어들지 않는 것이기도 하다. 섬세한 차이가 주는 쾌감을 극명하게 느끼고 싶어서 앰프와 스피커의 힘을 빌리고, 세심하게 조율한다.

지금 이 순간만 사는 행복, 음악

그러나 나는 다소 거칠더라도 공연장에서 내가 임의로 조절할 수 없는 음의 크기에 압도당하는 경험을 더 좋아한다. 집에서 작게 틀어놓고 듣던 음악을 실제 공연에서 듣고 충격을 받는 경우가 많다. 공연장에서 온몸을 향해 음이 쏟아질 때, 그 압도감과 열기를 느끼고 나면 음악이 주는 흥분이 쉽게 식지 않는다. 10대 시절 재즈나 록 공연을 눈앞에서 한번 보고 나면 그 순간부터 그 장르의 열혈 팬이 되는 것도 그 때문이다.

음악의 각별한 현장성을 알게 된 이들은 실황 중계, 실황 녹음본을 일부러 찾아 듣는다. 까다롭게 음을 고르는 오디오 마니아들도 실제 공연장에서는 소리의 좋고 나쁨을 따지는 데 훨씬 너그럽다. 그만큼 음악은 '지금 이 순간'이 본질인 예술이다.

좋은 오디오 기기의 목표란 바로 실연처럼 들리게 하는 것이기도 하다. 최고의 수준으로 녹음되고 엄밀하게 정제된 음반을 들을 때면, 실연의 아우라를 전달하기 위한 인간의 노력에 탄복하게 된다. 얼마든지 재생해서 들을 수 있음에도 마치 이 순간에 듣고 끝나는 것 같은 느낌이 들기 때문이다.

라이프치히 게반트 하우스 연주홀

3

우리는 왜 국악이 지겨울까

나에게는 음악의 현장성을 통해 오래된 편식을 고치게 된 경험이 있다. 바로 국악이다. 그 재미없던 국악을 어찌 좋아하게 되었을까. 그날의 풍경을 더듬어보면 이렇다. 우선 무대가 ㅁ자 형태의 한옥 대청마루였다. 듣는 사람들의 자리도 다양했다. 어떤 이는 마루 안으로 들어오지 않고 끝에 걸터앉았다. 어떤 이는 건너편 툇마루에 앉아서 들었다. 마당 바닥에 털썩 주저앉은 이들도 있었다. 공연장의 정렬된 객석에서 정색을 하고 정면의 무대를 주시하는 평소의 감상법과는 너무도 달랐다.

공연자와 감상자 사이의 거리도 더없이 가까웠다. 한옥은 대개 천장이 아늑하게 낮다. 집 가운데 자리 잡은 대청마루는 크지는 않아도 트인 기운이 좋은 공간이다. 그곳을 중심으로 집 안의 방과 바깥마당이 닫힌 듯 열려 있다. 이런 구조 때문에 청중은 가까이 모여들 수밖에 없었다. 연주자와 고작 몇 발짝 떨어진 관객의 눈에 가야금 예인의 현란한 손가락이 보이고 열두 줄 무명실의 떨림이 잡힐 듯 전해졌다. 목청 좋은 소리꾼의 핏발 선 표정과 튀는 침 한 방울까지 한눈에 들어왔다. 보고 듣고 느끼는 것이 지척에서 한꺼번에 압박해온 것이다.

경북 영주의 고택 마당이었다. 우리 가락이 연주되던 본연의 장소에서 소리가 울려 퍼지는 순간 알았다. '이렇게 듣는 것이었구나!' 탄식이 절로 나왔다. 평소 드러나지 못했던 밑바닥 감정의 응어리가 일시에 분출되는 듯한 후련함을 느꼈다. 허공으로 사라진 소리가 내 몸 안으로 들어와 자리 잡는 경험이었다.

세상의 모든 음악이 잊히지 않기 위해 온갖 수단과 방법을 동원한다. 그런 노력은 고리타분하다고 여기는 국악 또한 만만치 않다. 생명력으로 치면 끈질기기가 이루 말할 수 없다. 외면받는 듯 하지만 여전히 연주되고 애호가가 줄어들지 않는 저력을 보인다. 국악의 생명력은 우리 음율의 힘이다. 이해하는 음악이 아니라, 몸이 먼저 반응하고 가락과 가사에 저절로 동화된다. 신기하게도 국악은 나이가 들수록 좋아진다는 공통점이 있다. 젊은 시절에는 절대 알 수 없는 마력이 있다.

한번 제대로 앉아 눈을 맞추고 귀를 기울여보면 왜 이런 말을 하는지 알게 될 것이다. 애간장이 끓는다. 가슴이 뭉클하다. 전율이 인다. 예전

경기도 운당 한옥에서 녹음하는 악당이반

우리는 국악을 제대로 들어본 적이 있을까. 마이크와 스피커로 억지로 확성된 음이 아니라, 원래 연주되던 조건에서 들어본 적이 있을까. 본래의 아름다움에 더욱 가깝게 녹음하려는 이들의 노력이 지극하다.

에는 상투적이라고 느꼈던 이런 표현이 왜 나오는지 너무 잘 이해된다. 리듬, 박자, 소리가 단숨에 온몸에 공명하는 느낌이 국악에 있다. 이를 느끼기 위해서는 국악이 원래 연주되던 대로 바로 코앞에서 들어보는 게 중요하다. 무대와 관객이 분리되지 않고, 마이크와 스피커를 통해 억지로 확성되지 않은 악기의 음색과 울림까지를 받아들여야 한다.

　그러나 국악을 이렇게 몸으로 느껴볼 기회는 매우 드물다. 정제된 음질의 음반으로, 좋은 오디오로 국악을 듣는 경우 또한 거의 없다. 좋지 않은 음악은 소음일 뿐이다. 바꾸어 말하면 아무리 좋은 음악도 소음의 형태로 먼저 접하면 그 감흥의 세계에 발을 들여놓기 어렵다. 안타깝게도 우리가 접해본 국악이란 과거 명절에 텔레비전을 통해 들은 '거기서 거기인 듯한' 좋지 않은 소리가 대부분이었다. 그런 경험을 어릴 때부터 매년 해왔기 때문에 국악을 좋아하기가 어려운 것이다. 나는 사람들이 클래식에 더 익숙하고 관대한 이유 중의 하나가, 서양 음악의 경우 정제된 녹음으로 좋은 소리로 더 쉽게 자주 들을 기회가 있었기 때문이라고 생각한다.

국악이 지루하고 시끄럽다는 선입견이 자리잡으면, 그 안에 얼마나 다양한 장르가 존재하는지 생각하지 못하게 된다. 국악 역시 여러 형식이 있다. 때와 장소와 용도에 따라 달리 연주되는 음악이다. 유네스코가 선정한 세계무형유산 중 한국의 것으로 가장 먼저 등재된 것이 〈종묘제례악〉이다. 정악正樂의 일종인 이 곡을 제대로 들은 이가 몇 명이나 될까. 듣게 된다고 해도 왕실 제사에 쓰였던 음악이라는 선입견 때문에 고리타분하다고만 생각할 것이다. 그러나 외국인들은 이 음악을 숨죽여 듣고, 끝나면 우레와 같은 박수를 보낸다. 무엇이 다른 걸까. 그들이 동양 음악에 환상을 갖고 있어서 그런 것일까. 그들의 음악 수준이 더 높아서 그런 것일까. 낯선 음악이라서 더 호의를 보여주는 것일까. 나는 '제대로 들으려는 편견 없는 태도'가 그 이유의 90%라고 생각한다. 외국에 나가면 국악이 좋아진다는 사람들이 있다. 환경이 바뀌면 편견이 사라지기 때문이다. 편견 없는 환경이 본연의 미적 감각을 해방시키는 것이다.

'악당이반'은 국악 전문 레이블이다. 음악으로 즐거운 무리를 뜻하는 '악당樂黨'과, 모여서 이롭게 나눈다는 뜻의 '이반利班'을 붙여 만든 이름이다. 악당이반은 국악이 펼쳐지던 실제 공간인 한옥에서만 녹음을 한다. 녹음에 대해 아는 이들이라면 미친 짓이라고 펄쩍 뛸 일이다. 사면이 뚫린 공간에서는 외부에서 들어오는 소리를 차단할 방법이 없다. 이들은 과감하게 생각을 바꿨다. 과거에 우리 음악을 연주하던 날에는 밖에서 나는 개구리 소리, 풀벌레 소리도 들렸을 거라고 생각하는 것이다.

악당이반은 연주의 디테일을 하나라도 놓치지 않기 위해서 '퓨어 레코딩'이라는 기법을 쓴다. 단순 녹음 방식으로 변형 없는 음을 전달한다. 녹음할 때 인위적으로 음을 조정하는 기계도 없고, 녹음 후 프로그램을 이용해 음을 변조하거나 오버 더빙하는 일을 하지 않는다. 이렇게 하려면 비용이 훨씬 많이 든다. 악당이반의 음반들은 하나같이 연주와 음향의 순도가 엄청나다. 한 번도 들어보지 못한 국악기의 음색과 인간 육성의 거슬거슬한 질감에 소름이 돋는다. 이런 노력을 하는 이들을 접하게 되면 열렬한 국악 팬이 된다.

2014년부터 시작한 '사야국악상'이 있다. 대구의 기업인 태강철강에서 운영하는 재단이 기금을 댄다. 이 상이 독특한 이유는 철저하게 외부의 영향력을 차단하고 대상자를 물색하기 때문이다. 수상 후보자들에게 기본 자료조차 요구하지 않는다. 선정위원들은 학연, 지연에 전혀 영향받지 않는 각계각층의 전문가들이다. 시상도 간단하다. 상금이 꽤 크지만 수상자에게 상금을 전달하고 격려하는 것으로 끝이다. 시상식도 기자회견도 하지 않는다. 오로지 소리의 길만 갈 수 있도록 후원하는 게 전부이다. 편견 없이 우리 음악을 즐기는 날이 오려면 좋은 음악가들이 나오는 환경을 만드는 게 우선이다. 그렇기에 이렇게 운영하는 것이다. 고리타분해 보이는 국악의 세계에도 이런 생생한 움직임이 있다. 국악의 가치를 알아보는 이들이 모였기에 할 수 있는 일이다. 좋은 걸 알아보는 이들은 해답도 내기 마련이다.

4

거듭 부활하는 아름다움, 클래식

음악이 '재연의 예술'이라는 점을 이해하면, 어렵게만 느껴지는 클래식에도 한결 편하게 다가갈 수 있다. 클래식이라는 장르를 가만히 들여다보면 참으로 신기하다. 수백 년 전의 음악을 오늘날에도 반복해서 듣고 있으니 말이다. 이를 잘못 해석해서 클래식, 즉 서양 고전음악이 더 우월한 음악이라고 생각해서는 안 된다.

클래식의 생명력은 꾸준한 해석에 있다. 흔히 클래식 마니아들을 '변치 않는 음악'을 즐기는 사람이라고 생각할 수 있겠지만, 클래식이야말로 새로운 연주를 계속 쏟아낸다. 바흐의 〈무반주 첼로 모음곡〉이 수많

베를린 필하모닉 홀 공연 후 모습

각 악기가 연주되는 모습을 상상하는 것은, 음색의 미세한 차이를 느끼는 데 도움이 된다. 겹쳐진 화음을 수많은 사람들의 손놀림이 모여서 만들어진 것이라고 생각하고 들으면, 자신에게 각별한 음을 찾을 수 있다.

은 버전이 있는 것도 이 때문이다. 클래식 마니아들에게는 수백 번 들었던 곡도 새로운 버전이 나올 때마다 갓 태어난 음악처럼 신선하게 들린다. 왜 그토록 오래된 고전음악이 오늘날까지도 사랑받는지에 대한 비밀이 여기에 있다. 더 우월한 음악이어서가 아니라 살아 숨 쉬는 노력이 지극한 음악이기 때문이다. 클래식의 생명력은 죽고 없어진 작곡가에게 있는 게 아니다. 오늘 우리 옆에 있는 연주자와 열심히 들어주는 관객의 덕이다.

클래식 마니아들은 과거의 음악적 유산을 재해석한 새로운 연주를 비교하고 반복하며 음악을 즐긴다. 클래식은 비교하고 싶은 욕망이 일어나고, 그 욕망을 실제로 확인해보려는 노력이 있을 때, 감상할 수 있는 음악이다. 클래식 음악을 졸리다고 이야기하는 이들의 경우 클래식을 '필수 교양 지식'처럼 접하기 때문이다. '알아야 하는 것', '외워야 하는 것'이 재미있기란 힘들다. 그런 강박에서 벗어나서 클래식 음악이 가진 해석의 스펙트럼을 알게 되면 그 안에서 펼쳐지는 변화와 기발한 시도의 다양성에 깜짝 놀랄지도 모른다.

클래식에 대한 선입견을 없애주기 위한 말을 하자면, 클래식 또한 현대 사회의 상품이라는 것이다. 지금까지 나온 클래식 음악의 길잡이 전집들을 살펴보면 수천 종이 넘는다. 하나같이 친근하고 아름다운 음악을 선별해놓았다. 기본 레퍼토리로 반복되는 작곡자들과 곡은 대개 비슷비슷하다. 바흐, 베토벤, 브람스, 모차르트, 슈베르트, 슈만, 생상스, 비제 등이 등장하고, 이들이 작곡한 느린 악장, 귀에 쉽게 들어오는 오페라 아리아, 익숙한 멜로디의 소품들이 가이드 음반을 채운다. 길어봐야 10분이 넘지 않는 연주 시간도 중요하다. 전곡이 수록된 경우는 흔치 않다.

클래식 음악계 또한 대중적 수요를 위해 쉽고 편하게 들을 수 있는 곡 위주의 음반을 내는 것이다. 지치지 않고 새 버전의 컴필레이션 음반들이 쏟아진다. 용도별로 세분화된 선곡들도 눈에 띈다. 운전할 때 듣기 좋은 음악, 휴식용 음악, 명상용 음악, 기분이 우울할 때 듣는 음악……. 마치 증상별로 치료약 처방하듯 선곡해놓았다. 이 역할은 과거 음반 회사가 담당하다 온라인 음원 플랫폼으로 바뀌었을 뿐 계속 이어지고 있다.

오늘날에도 소비될 수 있는 새로운 감동을 만들어내기 위해 300년

남짓한 클래식 음악은 쉴 새 없이 재해석되고 연주된다. 새로운 감동을 이끌어내기 위한 연주가들의 노력 또한 만만치 않다. 클래식은 연주가 핵심이다. 잘 모르던 어떤 클래식 음악이 다가왔다면 연주의 깊이가 각별해서였을 수도 있다. 아무리 훌륭한 곡도 잘 연주되지 않으면 감동이 없다. 대단한 작곡가의 곡을 형편없게 연주하는 것과 무명 작곡가의 곡을 훌륭하게 연주하는 것, 어느 쪽이 더 감동이 클까. 당연히 후자다.

각 지역마다 오케스트라가 즐비한 유럽 사람들은 이렇게 말한다. "어느 동네 오케스트라가 아무리 잘해도 베를린 필하모닉 같은 유명 오케스트라가 연습하는 것보다 못하다." 유명세를 따지는 말이 아니라, 연주 기량의 차이가 그만큼 중요하다는 뜻이다. 숱한 노력으로 최고로 훈련된 역량의 위대함을 인정하는 것이다.

음악이 악보에 적혀 있을 때는 기호일 뿐이다. 연주로 시간의 정렬을 다시 해야 음악이 된다. 그 정렬의 차이에 따라 다른 종류의 감흥이 탄생한다. 각기 다른 연주를 들어보면 시간의 해석이 다 다르다는 점을 알게 된다. 똑같은 곡의 연주 시간이 크게는 5여 분 가까이 차이나는 경우도 있다. 완전히 다른 곡으로 느껴진다. 이 차이는 매우 중요하다. 익숙함을 깨는 파격의 감흥이 연주의 속도에서 나온다는 점이 재미있다. 드보르작의 작품 중에 슬라브 민요를 모티브로 하는 피아노 트리오 곡 〈둠키(No. 4 in E minor op. 9)〉가 있다. 이 곡을 들으면 각 악장을 연주하는 피아노, 바이올린, 첼로 세 악기의 느리고 빠른 시간의 대비와 강약 표현만으로 음악의 표정이 극적으로 달라지는 걸 알 수 있다.

원래 악보대로 정확하게, 그 곡이 나왔던 시대의 악기나 스타일로 연주하는 것을 원전연주 혹은 시대연주라고 한다. 지휘자 니콜라우스 아르농쿠르Nikolaus Harnoncourt는 시대연주의 대표주자이다. 그는 베토벤 〈교향곡 4번〉이 초연될 때 36명으로 연주되었으니, 36명이 아닌 인원으로 연주되는 것은 다 잘못이라고 말하는 지휘자였다. 후기에는 현대적인 오케스트라들을 지휘하면서, 자신의 주장과 모순되는 행보를 보인 게 아니냐는 비판도 받았다.

나는 물론 원전연주가 가장 올바른 방법이라고 생각하지 않는다. 오히려 아르농쿠르처럼 '원전 그대로' 연주하겠다는 주장 또한 음악의 새로움을 느끼고 싶은 인간의 욕망에서 나온 것이라고 본다. 수백 년 전의 음악을 늘 초연처럼 연주하려고 하는 아르농쿠르가 지휘한 연주를 들으면, 오히려 모던하게 느껴질 때가 많다. 그 시대를 제대로 복원함으로써 동시대의 예술로 만들겠다는 의도가 느껴진다. 결국에는 '새롭게' 느끼게 하고 싶다는 욕망이 있는 것이다.

오디오 평론가로 한참 활동하던 시절에 기자들이 찾아오면 항상 묻는 질문이 "무슨 곡을 제일 좋아하냐?"였다. 이 곡은 이래서 좋고, 저 곡은 저래서 좋은데 딱 하나만 뽑으라니, 그때마다 난감했다. 어느 날 비발디의 〈사계〉를 가장 좋아한다고 답해주었다. 고개를 끄덕이더니 그 말이 그대로 기사화되었다. 왜 좋아하는지 이유는 묻지도 않았다. 그 뒤로 나는 촌스럽게 비발디의 〈사계〉를 좋아하는 사람이 되었다.

실제로 나는 비발디의 〈사계〉를 즐겨 듣는다. 〈사계〉는 너무 유명하고 흔하게 연주되는 곡이다. 이 곡을 좋아한다고 말하면 우습게 아는 이들도 많다. 하지만 연주의 기량에 따라 천변만화의 표정으로 다가오는 바이올린 독주가 〈사계〉의 매력이다. 어떻게 하다 보니 〈사계〉만 30장이 넘는 음반을 모으게 됐다. 최근에 나온 디지털 음원까지 포함하면 40종 가까이 될 듯싶다. 각각의 연주는 달라도 너무 다르다. 끊임없이 새로운 연주가 나오는 이유는 간단하다. 다시 연주될 가치가 높다는 것이다. 그런 점에서 비발디는 가볍게 여길 작곡가가 아니다. 계절이 바뀔 때마다 비발디의 〈사계〉를 듣는다. 겨울을 묘사한 부분이 제일 좋다. 휘몰아치는 삭풍의 세기와 차가움이 그대로 전달되는 듯하다. 소장하고 있는 음반 중 아이오나 브라운이라는 바이올리니스트의 연주를 특히 좋아한다. 그의 연주는 삭풍을 태풍처럼 들리게 한다. 겨울의 공포를 실감나게 묘사하는 탁월함에 매번 놀란다.

쾌 오래전부터 오디오 잡지에 나오는 단골 기사가 있다. "내일 죽는다고 할 때 단 한 장의 음반만 고른다면 어떤 음반을 꼽겠는가?"라는 설문조사다. 놀랍게도 90%에 가까운 사람들이 바흐의 음반을 꼽는다. 수많은 명곡을 놔두고 왜 밋밋한 바흐의 음악을 선택하게 될까. 밋밋한 만큼 질리지 않고, 약간의 차이에도 연주자의 개성이 잘 느껴지기 때문이다.

바흐의 음악은 밥과 비슷하다. 밥은 색깔이 없다. 특별한 맛이 없다. 흔해서 어디서나 먹을 수 있다. 바흐의 음악도 비슷하다. 어렵지 않고 도드라지지 않고 복잡하지 않다. 너무 많은 곡을 작곡해서 '바흐스럽

비발디의 〈사계〉 음반들

자신이 좋아하는 음악이 생기면, 다양한 버전으로 들어보고 싶은 욕망이 생긴다. 사라진 음의 아름다움을 다시 느끼고 싶은 것이다. 과거의 것이 아닌 오늘의 것으로 느끼고 싶은 것이다.

다'는 선율이 이미 많은 이들에게 학습되어 있다. 어딘가에서 선율이 들리면 무슨 곡인지는 몰라도, '이거 바흐 같은데.' 하는 생각이 든다. 그만큼 보편적이기에 새롭게 탄생할 여지도 많다.

시대마다 수많은 연주가들이 바흐의 음악을 자기 방식으로 재해석하는 일에 도전했다. 바흐의 〈무반주 첼로 모음곡〉의 경우, 버전이 몇 개나 될까. 파블로 카잘스는 96세로 죽을 때까지 이 음악을 연주했다고 한다. 카잘스 외에도 그 이후로 수백 개의 새 버전이 나왔을 것이다. 지금도 새로 나온 음반들을 살펴보다 보면 바흐의 〈무반주 첼로 모음곡〉이 꼭 끼어 있다. 후대의 음악가들이 계속해서 도전하는 곡이기에 가장 보편적이고 생명력이 긴 것이다.

재연되어야 살아 있는 음악이 된다는 점은 클래식 장르에만 해당되지 않는다. 재즈나 팝과 같은 현대적인 장르에도 이런 현상은 동일하게 작동한다. 전 세계 재즈 뮤지션들이 3주 동안 참가하는 샌프란시스코 재즈 페스티벌에 가면, 우리 귀에도 익숙한 유명 재즈곡들이 숱하게 연주되는 것을 볼 수 있다. 그렇게 하여 재즈는 생명력을 유지한다. 팝도 가요도 마찬가지다. 우리가 김광석을 계속 듣고, 유재하가 생명력을 갖고 있는 것은 후세대들에 의해 계속 불리고 있기 때문이다. 새로운 세대의 뮤지션들이 그들의 곡을 즐겨 부르고, 그리하여 사람들에게서 '역시 김광석이다.'라는 말이 나오게 하기 때문이다. 명곡은 결국 새로운 장소에서 새로운 감수성으로 소비되는 음악에 다름 아니다.

텔레비전 방송에서는 이와 같은 '재연' 프로그램들을 많이 만들고 있다. 얼굴을 가리고 나와서 부르든, 흘러간 옛 노래를 젊은 가수들이 다시 부르든, 얼마나 새롭게 해석했느냐에 따라 사람들은 열광한다. 기존의 버전을 고집하지 않고 재해석된 곡에 전율을 느끼는 이들은 낯선 음악에도 호의적일 확률이 높다. 어떤 음악 장르든, 어떤 곡이든 체험하기를 주저하지 않는 사람이 갖게 될 깊이를 이길 방법은 어디에도 없다.

5

귀가 예민해야 음악을 좋아하게 될까

오디오 평론가라고 하면 나를 특별히 예민한 귀를 가진 사람이라 생각한다. 전혀 그렇지 않다. 내 경우에는 오래 음악을 들어와 좋은 음과 나쁜 음의 감별 능력이 커진 것뿐이다. 많은 경우 사람들은 그들이 말하는 것만큼 음을 구별하지 못한다. 아는 척하는 경우가 더 많다는 말이다. 절대음감과 진짜 예민한 귀를 가진 이들은 극소수다. 이런 신체 능력은 하늘이 내려준 것이다. 내게 그런 능력은 당연히 없을 수밖에. 극복 방법은 단 하나다. 지루한 연습으로 귀를 단련시키는 일뿐이다.

그러니 타고난 음감의 천재가 아니어도, 훌륭한 음악가와 감상자가 될 수 있다. 음악을 듣는 방법도 여러 가지다. 자신의 관점에 따라 듣는 방법이 다르다. 다양성에 주목하는 이들도 있고 표현의 섬세함에 치중하는 이들도 있다. 음악의 자료적 가치에 빠져드는 이들도 있다. 어떤 방법이 더 나은지는 알 수 없다.

　다만 반복해서 들을 때 남다른 감상 능력이 키워진다는 것은 분명하다. 그럴 때 남들이 모르는 부분을 짚어내고, 나에게 더 감동적으로 다가오는 지점을 말할 수 있게 된다. 연주의 스타일과 테크닉의 차이를 구분해낸다는 건, 반복을 통해 비교할 수 있는 능력을 갖추게 되었다는 것이다. 좋아하는 노래가 생기면, 매일매일 그 노래만 들었던 경험은 누구에게나 있지 않은가. 처음에 그 노래를 듣게 된 이유는 여러 가지일 수 있다. 어떤 가사가 마음에 들었을 수도 있고, 후렴구의 멜로디에 꽂혔을 수도 있다. 그러나 자꾸 듣다 보면 처음에는 안 들리던 베이스 음이 들리고, 가수의 미세한 숨소리가 들려온다. 그런 소리들이 다 어우러져 하나의 곡이 만들어졌음을 깨닫게 될 때, 우리의 감흥은 풍성해진다.

　숨겨진 음을 느끼는 기쁨을 알게 되면, 자신의 감상 능력에 대한 자신감이 커진다. 음질이 중요하다면 이런 이유 때문이다. 좋은 음질의 음악이란 숨겨진 음이 잘 드러나는 음악이다. 좋은 음질의 음악을 들으면 즐기는 능력을 키우는 데 분명 도움이 된다. 음질의 차이를 느끼는 일은 귀의 능력보다는 도구의 능력에 달려 있다. 좋은 오디오로, 최고의 기술로 녹음된 음반을 들으면 누구나 귀가 뜨인다.

중·고등학교 때 커다란 트랜지스터라디오로 들으면서 열광했던 비틀즈나 레드 재플린의 음악을 나중에 좋은 오디오로 다시 들어보고 깜짝 놀랐었다. 익숙한 멜로디는 그대로인데, 소리가 낯설었다. 과연 내가 알고 있는 곡이 맞는지 의심이 들었다. 좋은 오디오 기기를 통해 발견한 음의 세계가 감탄스러웠다. 흐릿하게 보이던 사물이 중간의 방해물을 걷어내자 선명하고 또렷하게 보일 때의 경탄 같은 것이다. 묵직한 저음이 넘치고 자극적인 고역의 거슬림도 느껴지지 않는다. 비틀즈의 음악이 새롭게 재구성되는 경험을 한 것이다.

기술이 발전할수록 이런 기쁜 경험을 할 일이 많다. 옛 녹음을 디지털 기술로 복원한 음반이 계속 나오고 있다. 최상의 상태로 흘러나오는 음악을 듣고 새삼 탄복한다. 이런 체험은 섬세함의 깊이가 훨씬 큰 클래식 음악에서 더욱 환상적이다. 소리의 결이 만져진다는 표현을 실감하게 된다.

그렇게 비교하면서 더 좋은 것을 찾아가게 마련이다. 이는 시각적인 것을 비롯해 다른 자극에서도 비슷하게 나타나는 양상이다. 특히 청각적 자극에 대해서는 그 효과가 더 크다. 화질이 좋은 텔레비전을 들여놓았을 때의 감탄과 감동은 곧 시들해진다. 텔레비전을 수시로 바꾸는 이들도 별로 없다. 그러나 좋은 오디오는 들을 때마다 감탄하게 되고, 더 좋은 것으로 바꾸고 싶다는 욕심이 자꾸 생긴다. 이것이 한번 빠지면 집 한 채 정도는 말아먹는다는 '오디오 마니아'의 정체다. 나에게는 이런 욕심이 크지 않다. 천만다행이다.

음악을 좋아한다면 오디오 기기에도 관심을 가져야 하냐며 부담을 느끼는 이들도 있다. 하지만 음악 평론가들 가운데는 기기를 별로 신뢰하지 않는 이들도 있다. 이들에게는 음악의 내용과 음악사적 가치가 더 큰 관심이기 때문이다. 반면 오디오 애호가들은 음질의 차이에 더 민감하게 반응하는 사람들이라고 할 수 있다.

음악을 좋아하는 것과 오디오 애호가인 것은 다른 일이다. 꼭 두 가지를 함께 할 이유는 없다. 오디오는 음악을 더 잘 느끼게 해주는 도구라고 편하게 생각하면 된다. 더 좋은 오디오 기기를 갖고 싶은 욕망은 개인의 취향일 뿐이다. 사진작가라면 모두가 기능 좋고 비싼 카메라에 대한 욕망이 있지만 카메라가 좋은 사진을 찍어주진 못하듯이, 음에 대한 감각을 키우는 것은 다른 차원이다. '즐기고 발견하는 능력'에 더 큰 힘이 실려 있다는 점은 분명하다.

미적 감각을 기르는 일은 특정한 방법을 몸에 익히거나, 특별한 취향을 가진 커뮤니티로 들어가야만 하는 건 아니다. 나는 이 사실을 역설적으로 음악 애호가들과 함께하면서 느꼈다. 주변의 음악을 좋아하는 이들과 함께 음악 감상회를 열 때가 있다. 함께 음악을 듣는 일은 즐겁다. 서로의 관심과 생각을 교류하는 기회이기도 하다. 분명 좋은 자리이긴 하지만, 의외로 음악에 집중이 잘 되지 않는다. 새로운 정보를 흡수하는 데는 효과적이지만 진지한 감상은 어렵다. 음악 외적인 요소에 신경이 분산되는 것이다. 그러다 보니 음악 감상회나 시연의 자리에서 들었던 음악은 단편적 기억만을 남기는 경우가 많았다.

내 작업실에 사람들을 불러 음악을 들려주었을 때의 상황도 다르지 않다. 익숙한 소리를 듣는 것이지 낯선 음악은 전달되지 않는 듯했다. 사람들이 틀어달라 부탁하는 곡들은 한때 알고 있었던 음악에 한정되는 경우가 많았다. 사람들이 신청하는 음악에는 공통점이 있었다. 음악 취향은 모두 과거완료형이라는 것이다. 성장을 멈춘 어른들이 한때의 기억에 머물러 있는 일이 약간 서글프기도 했다. 한때의 교양, 한때의 지식, 한때의 세련됨이 어떤 의미가 있을까. 새로운 취향을 만들지 못한 것은 먹고사는 일에 시간을 쓸 수밖에 없었기 때문일 것이다. 수줍게 자기의 옛 추억을 꺼내놓는 그 마음이 애틋해서 사람들이 원하는 음악을 전부 찾아 들려줬다. 음악을 들은 이들은 하나같이 예전의 감동을 다시 느꼈다고, 잊고 살았던 풍요의 가치를 되돌아보게 되었다고 말했다. 그러나 이후에 그들이 다시 음악을 찾아 듣고 있다는 소식은 듣지 못했다. 속상한 일이다.

나는 사람들에게 새로운 음악에 도전해볼 것을 권한다. 어떤 정해진 코스나 계통 없이 이것저것 넘나들며 마구 듣는 것도 좋다. 취향은 다양하고 변덕이 심할 때 좋은 것이라고 믿는다. 와인에 빠져서 어느 자리에서나 와인만 고집하는 이들이 있다. 세상에 맛있는 술은 얼마든지 있다. 이것저것 먹어보면 미각은 더 깊어지고 다채로워진다. 비싼 인테리어를 한 레스토랑에서 고급 와인을 곁들이는 안전한 방식이 더 촌스럽다고 생각한다.

음악의 세계도 비슷하다. 심포니의 극적 효과야말로 음악을 듣는 쾌감의 완성이라 여기는 사람도 있다. 가사가 없는 연주곡을 성악보다 더 높게 평가하고 고집하는 이들도 있다. 그런 순혈주의자들 치고 변절하지 않은 이가 없다는 게 음악 듣는 이들만이 아는 비밀이기도 하다.

성악의 흡인력은 얼마나 대단한가. 매력적인 소프라노가 얼마나 많은가. 여왕과 같은 프리마돈나의 도도함, 음의 자리를 두고 벌이는 성악가들의 한판 승부, 이런 것들은 언제 보고 들어도 좋다. 내가 좋아하는 헝가리 출신의 소프라노 실비아 사스Sylvia Sass는 우아하고 기품 넘치는 외모에 기막힌 절창으로 제2의 마리아 칼라스로 불렸던 인물이다. 한때 실비아 사스의 LP를 구하기 위해 도쿄의 뒷골목까지 뒤질 만큼 광분했었다.

주변 사람들은 실비아 사스를 우습게 봤다. 그녀가 유럽 무대의 화려한 주역으로 활약하지 않아서다. 그녀가 인기 많은 오페라 대신 잘 알려지지 않은 오페라의 배역을 자처한 것도 이유였을 것이다. 그래도 좋았다. 다른 사람의 평가와 상관없이 실비아 사스를 향한 순정을 이어왔다. 언제 들어도 좋은 그녀의 목소리는 변함없다. 지금도 그녀의 LP를 꺼내어 듣는다. LP의 매력이란 사진과 같아서 젊음의 상태를 그대로 보존해준다. 1951년에 출생한 그녀는 이제 할머니가 되었다. 그러나 이 전설의 소프라노는 적어도 내 방의 턴테이블 위에선 전성기의 힘과 매끄러운 음색을 그대로 내준다. 살면서 죽도록 좋아했던 인물이 있다는 건 축복이다. 이처럼 자기의 마음을 끌어당기는 음악가를 찾고, 그녀 혹은 그를 향한 순정을 바친 기억을 만들어낼 줄 아는 사람이라면, 그만큼 훌륭한 음악 애호가는 없다.

　내 주변에 음악의 고수라 불리는 분들이 있다. 시시콜콜한 지식까지 꿰고 있는 전문가들이다. 그중 한 분은 진심으로 인정하지 않을 수 없는 사람이다. 어느 날 그에게 음악을 추천해달라고 했다. 그가 어떤 음악을 고를지 정말 기대되었다. 그가 건네준 음악은 낯선 음악가들의 작품이었다. 우크라이나의 현대음악 작곡가 발렌틴 실베스트로프, 크로노스 쿼텟과 같은 전위적 음악들이었다. 음악은 차분하고 아름다웠다. 난해하여 듣기 괴롭다는 현대음악에 대한 선입견을 깨는 선율에 놀랐다. 마치 명상 음악을 듣는 듯했다. 러시아 민요풍의 익숙한 선율에 현대적 기법이 더해진 음악은 투명하고 깊은 색채감으로 매끄러웠다.

　"나는 새로운 곡을 쓰려는 게 아니다. 이미 있던 것들의 반향과 감상을 정리했을 뿐이다." 발렌틴 실베스트로프가 했던 말의 행간이 파악됐다. 이후 그의 음악에 빠져 들게 된 건 자연스러운 순서였다. 추천한 다른 곡들의 분위기가 전부 똑같은 것은 아니었지만, 안정된 쾌감으로 다가오는 느낌은 비슷했다. 그가 권해준 음악은 모두 위안을 주는 곡들이었다. 번잡한 세상사에 피곤해진 몸과 마음을 음악의 아름다움으로 씻어버리라고 주문하고 있었다. 그렇게 마음을 뒤흔든 음악은 불협화음의 예술이라는 현대음악에 대한 기존 정의를 말끔히 지워버렸다. 느끼는 것의 힘이 아는 것의 힘보다 얼마나 강렬한지가 증명된 것이다. 더 이상 현대음악이 두렵지 않았다. 새로운 아름다움이 마음속까지 들어오면 이전의 나와 전혀 다른 내가 된다는 경험을 다시 한 번 하게 된 것이다.

위안의 음악들은 대개 비슷한 지점이 있다. 느린 선율과 귀에 감기는 멜로디, 섬세한 연주가 더해진다. 쉽게 기억된다. 그렇게 내게 편안한 음악의 리스트를 점점 늘려가면 된다. 영화에 삽입된 곡도 좋고 카페에서 들었던 오페라 아리아의 선율도 좋다. 다시 듣고 싶은 마음이 생겨나는 게 중요하다. 스마트폰과 유튜브로 연관 검색을 해보면 곡과 관련된 정보들은 넘치도록 많다. 내가 아는 젊은 음악 애호가 중에는 컴퓨터 게임을 즐기다 그 배경음악 덕분에 오케스트라를 좋아하게 되었다는 이도 있다.

내용을 알게 되면 음악이 살갑게 다가온다. 조금 더 관심을 기울여 아는 곡의 앞뒤를 연결해보면 좋아하는 음악이 놓여 있는 자리의 전체적인 모습이 들어온다. 이렇게 관심의 지평이 늘어가는 것이다. 누구에게 드러낼 것도, 음악 퀴즈를 풀 것도 아니라면 자신이 서 있는 자리에서 꾸준하게 음악을 들어 자기의 세계를 넓혀가면 된다.

특히 극소와 극대의 양면성을 지닌 클래식 음악의 스펙트럼은 촘촘한 계단과 같다. 이를 순서대로 배워가면서, 음악 지식의 계보를 따라 감상하겠다는 건 무리다. 음악의 아름다움이 먼저 다가오는 일이 중요하다. 작곡가의 이름을 외우고, 마치 수표 번호 같은 곡명과 알레그로, 모데라토와 같은 악상기호를 알아야 한다는 중압감에서 벗어나도 된다. 거듭 말하지만 클래식의 아름다움은 작곡가뿐 아니라 연주자의 기량에 더 좌우된다. 음악이 좋게 다가왔다면 연주와 녹음의 우수함 때문일 수 있다. 들어서 기억에 남고 다시 듣고 싶은 곡들이 많아졌다면 클래식의 맛을 알아가고 있는 것이다. 우선은 불 꺼진 방에 있는 코끼리를 더듬어야 할 것 같은 두려움에서 벗어나는 게 중요하다.

좋아하는 음악이 생기면, 그 옆의 것으로 옮겨 가면 된다. 그러다 보면 나중에 자신이 서 있는 지점이 어디인지 보일 것이다. 처음에는 안 갯속에 있는 듯하다가, 작은 영토 정도를 가졌다고 생각했는데, 어느 순간 전체 지도가 눈에 들어오고, 자신이 그 지도의 어느 지점에 서 있는지가 느껴질 때가 온다. 그때 재미가 확 늘어난다.

친절한 안내인을 잘 선택하면 큰 도움이 된다. 라디오 청취는 매우 좋은 방법이다. 친절한 해설과 함께 선곡표를 제공하는 방송국의 노력은 늘 고맙다. KBS 1FM 라디오의 진행자 정만섭은 좋은 선곡으로 소문이 났다. 전 세계에서 발매되는 신보 가운데 공들여 선별한 음악을 꾸준히 소개하는 부지런함으로 많은 팬을 거느리고 있다. 그가 세월호를 기억하며 4월 16일에 고른 곡의 리스트도 화제가 되었다. 푸치니, 브루크너, 쇼팽, 피아졸라 등의 음악이었다. 아마 이날 방송을 들은 이들은 기존에 알고 있던 음악이었어도 훨씬 강렬하게 다가왔을 것이다. 모르는 음악이었어도 강하게 기억에 남았을 것이다. 자기만의 맥락이 생겼기 때문이다.

6

음악을 즐기는 능력이 계속 성장하려면

음악에 대한 관심을 지속하기 어려운 이들이 공통적으로 하는 말은 "마음에 드는 음악을 찾기 어렵다."는 것이다. 수많은 음반 가이드와 전문가의 평이 넘쳐나는데 왜 음악을 고르기 어려울까. 그러나 평이 좋은 음악과 자신의 취향이 일치하기란 쉽지 않다. 음반을 사서 일일이 안에 든 곡을 확인해야 하던 시절에는 더 했던 것 같다. 열 장을 사들여 한두 장 건질까 말까 하다는 말은 오랫동안 음반을 모았던 이들이 한결같이 내뱉는 푸념이었다. 모든 수집에는 공통점이 있다. 열 개를 선택해 두세 개를 건지면 매우 뛰어난 안목의 소유자인 것이다. 야구에서 최고

타자의 타율은 3할대가 아닌가. 멋쟁이들은 외출할 때마다 입을 옷이 없다고 한다. 옷을 좋아하는 사람일수록 이런 푸념을 한다.

모든 취향이 다 그렇다고 생각한다. 좋아하는 음악의 리스트를 차곡차곡 만드는 과정에서 실패도 있고, 버리는 것도 많다. 요즘 들을 노래가 없다고 말하는 경우 가만히 들여다보면, 듣던 음악만 자꾸 듣고 있는 경우가 많다. 익숙한 것에 머물고 있는 것이다.

음악은 유독 성장기의 경험과 관련이 높다. 자주 듣다 보니 익숙해진 음악을 좋아하게 될 개연성이 높다. 이탈리아 소렌토나 나폴리에서는 누구나 벨칸토 창법의 민요를 자연스레 따라 부른다. 버지니아 같은 미국 중부 지역에서는 여전히 컨트리 음악이다. 아버지가 좋아해서, 오빠나 누나가 좋아해서, 그 음악을 듣게 되었다는 증언은 쉽게 찾아볼 수 있다. 음악에 대한 취향은 시대성과도 관련이 높다. 10대와 20대에 즐겨 듣던 음악이 평생 좋아하는 음악이 된다. 이런 친숙함을 넘어 자기만의 취향을 만들어내기 위해서는 의도적인 노력이 필요하다. 그런 노력을 쌓일 때 어렵고 낯설게만 느껴지던 음악 장르에 대해서도 감흥을 느낄 수 있다.

국악, 가요, 팝, 록, 재즈 등 세상에는 수많은 음악 장르가 있다. 음악 장르에 우열은 없지만, 사실 감상하기 어려운 음악은 있다. 클래식이 대표적인 경우다. 클래식 애호가들이 많지만, 클래식을 듣는 것을 어려워하는 이들도 여전히 많다. 그 이유는 단순하다. 자주 접하지 않아서 그렇다. 나도 처음부터 클래식을 좋아했던 건 아니었다. 중학교 시절에

영국 록그룹 퀸의 1984년 공연 모습

음악적 취향은 대부분 성장기에 형성된다. 그때 들었던 음악에 대한 평가가 더 우호적이다. 여느 예술 분야보다 더 개방적인 태도를 가져야만 지속적으로 성장할 수 있는 것이 바로 음악의 세계이다.

는 라디오를 통해 팝에 빠져들었다. 킹 크림슨, 핑크 플로이드에 심취했고 독일의 전위그룹 크라프트베르크의 전자음악에 열광했다. 일종의 반항이었다. 팝과 록은 의식의 신세계였다. 아트 록, 펑크 록, 프로그래시브 록 등 뮤지션들의 새로운 작업은 채 따라가지 못할 만큼 다채롭고 빠르게 이어졌다. 파격적인 디자인을 한 음반 표지를 보며 가공의 세계를 떠다녔고 뮤지션들이 전달하려는 메시지를 읽어내려 안간힘을 썼다. 당시만 해도 인터넷이 있던 시절이 아니어서, 들을 수 있는 음악이 한정되어 있었다. 그랬기 때문에 더 집중해서 듣는 습관이 생겼다. 한 곡 한 곡이 귀하니 다른 선택이 없어 반복 횟수를 늘렸다. 결과적으로 음악의 수용 범위가 넓어지는 조건이 되었다.

서울 신사동 ODE 매종 감상실

음악을 즐기는 이들은 고독이 두렵지 않다. 오롯이 자신의 감각에만 집중할 때 사람은 누구나 철저하게 혼자다.

　지금은 손에 든 스마트폰만으로 젊은 시절에 들었던 곡보다 수백 수천 배 많은 음악을 소비할 수 있다. 많은 음악을 듣게 되는 것은 장점이다. 하지만 감동은 배고픔과 같아서 충분히 먹고 뱃속에 머무르는 시간이 길어야 포만감이 들게 마련이다. 한 곡 한 곡에 집중하는 시간이 짧으면, 좋은 음악도 놓치고 만다. 그리고 하나의 아름다움이 주는 포만감에 충분히 만족해야 다른 아름다움에 대한 관심도 생겨난다.

　팝과 록에 빠져들었던 내 경우가 그랬다. 충분히 어떤 음악이 좋아지니, 다른 음악에 대한 관심이 생겨났다. 그리하여 관심이 클래식으로 넘어갔다. 교양인임을 확인하는 수단으로 클래식 감상이 유행하던 당시 시대 분위기도 한몫했다. 그러나 필수 교양으로 다가온 클래식 음악은 공부해야 할 것이 너무 많았다. 이번에도 라디오가 큰 역할을 했다.

처음에는 수용자 입장에서 선곡해서 들려주는 음악을 흡수했다. 몇 년을 계속 듣다 보니 클래식 음악이 무엇인지 감이 잡혔다. 고전적인 아름다움을 받아들였고 내용을 알아갔다. 시대 배경과 곡을 연결해보았다. 음악이 입체적으로 다가오기 시작했다. 알면 알수록 재미가 생겼다.

클래식 애호가들도 나름의 전문 분야가 있다. 바로크, 고전주의, 낭만주의 같은 시대적 기호를 가지거나, 기악, 성악 등 분야별 선호로 나누어지게 마련이다. 좁고 깊게 파고들어 특정 작곡가 혹은 연주자를 서열화하는 경향도 있다. 난 이런 태도를 그리 좋게 여기지 않는다. 음악의 매력은 다양성을 가질 때 더 크게 느껴지게 마련이다. 음악 또한 살아 있는 생명체처럼 생성, 성장, 소멸의 과정을 거친다. 한때의 관심과 애호의 기준을 계속 유지하는 것은 어쩔 수 없이 감상의 경직성을 낳는다. 나는 개인적으로 과거의 명반보다 현재 활동하는 신예의 신선한 해석이 담긴 연주를 선호한다. 내가 탄복할 아름다움이 이미 수백 년 동안 반복된 탄복 중 하나이고 싶지 않은 것이다.

음악 애호가들을 만나보면 특정 작곡가에 대한 자신의 선호를 음악 감상의 수준처럼 자리매김하는 경우도 있다. 말러를 좋아하면 수준이 높은 것이고, 모차르트나 비발디를 좋아하면 하수로 취급하는 이도 있다. 그런 반응은 염두에 두지 않아도 된다. 음악의 선호에 어찌 서열이 있을까. 온갖 음악을 들어보면 모차르트의 순진무구한 투명성이 얼마나 대단한지 비로소 알게 된다는 이야기는 아껴두는 게 좋겠다.

취향은 지속되는 성장이다. 매일 자신이 존재하는 공간에 음악을 흐

지금 이 순간만 사는 행복, 음악

르게 하는 사람만큼 위대한 감상가는 없다. 택시를 운전하시는 분들 가운데 클래식 마니아들이 꽤 있다. 그분들은 한결같이 FM 방송을 꾸준히 듣는다는 특징이 있다. 음악을 듣는 힘으로 힘든 시간을 버틴다는 분들이다. 택시를 타면 그분들이 좋아하는 곡에 대해 이야기를 나누는 재미가 있다.

이제는 음반 가게들이 거의 사라졌지만 교보문고 핫트랙스에 가면 여전히 낯익은 손님들과 마주친다. 길게는 2~30년 전부터 알던 이도 있다. 다들 머리가 하얘지고 안경을 추어올려야 음반에 쓰인 내용을 읽을 수 있지만 표정만은 밝다. 꾸준히 관심을 갖고 음반을 사는 이들에게는 세파에 찌든 느낌이 없다. 대단한 성공과 업적을 남겼을 리 만무한 보통 사람들이지만 누구보다 행복해 보인다. 취향이 단단해질수록 삶은 구체성을 띤다. 그것이야말로 행복의 디테일을 채우는 방법이다. 그들이 지나온 인생은 매우 풍부했을 것이다. 삶의 공간마다 시간의 예술로 채워왔을 것이다.

음악을 사랑하는 이들에게는 고독한 시간도 다채롭다. 음악은 보이지 않고 만져지지 않아 더욱 강렬한 세계이다. 격한 감정이 올라오는 순간을 극대화하기 위해, 음의 세세한 세계에 집중할 때, 사람들은 고독해진다. 음악에 완전히 몰입할 때는 오로지 홀로이다. 내 방에 들어와 차분하게 일대일로 마주할 때, 음악은 자신의 세계를 오롯이 다 보여준다. 홀로 있어도 위안의 음이 흐르면 따뜻하고, 거센 음이 흐르면 집 안에 있어도 세찬 바다 위에 놓인 듯 위태롭다.

혼자만의 시간을 가져보지 못한 이들은 좋아하는 음악도 없다. 모두가 아는 곡을 자신도 좋아한다고 믿게 된다. 골방에 홀로 틀어박혀 다양한 음악을 들어보자. 자신이 무엇을 좋아하는지 훨씬 쉽게 알게 된다. 많은 이들이 자신이 무엇을 좋아하는지 몰라 허송세월하는 경우가 많다. 자신과 음이 진지하게 마주하는 경험을 한 이들은 자신감이 강해진다. 낯선 음악의 세계에도 들어가고 싶은 도전의식이 생긴다. 그러고 나면 클래식 공연을 들을 때 언제 박수를 쳐야 하는지와 같은 지식은 아무것도 아니다.

취향은 곧 갈증의 세계이다. 들으면 들을수록 충족되지 않는 불균형 상태를 경험하게 된다. 그러면 어렵고 까다로운 음악에도 발을 들여놓게 된다. 독서를 많이 하다 보면 어렵고 두꺼운 책도 손에 잡게 되듯이 음악도 그렇다. 누구에게나 음악의 세계는 방대하다. 그 끝 모르는 심연의 상태로 빠져들어간다는 사실 자체가 더 뿌듯할지 모른다.

언젠가 작정하고 방문을 걸어 잠그고 마리스 얀손스Mariss Jansons가 지휘한 말러 교향곡을 차례로 들었다. 다 듣기 전에는 나가지 않으리라는 결심이었다. 마리스 얀손스는 말러의 음악을 가장 말러답게 해석했다. 삶과 죽음 사이의 파행일 뿐인, 불안한 인간의 내면을 예리하게 잡아내는 듯한 음이 이어졌다. 그렇게 진한 경험을 하고 나니, 더 이상 말러의 음악이 어렵거나 복잡하지 않았다.

Part 4

나를 둘러싼 공간이 확장되는 마술, 건축

위대한 건축은 인간이 위대하다는 위대한 증거이다.

프랭크 로이드 라이트

1

인간이 공들여 만든 것에 대한 감탄

내가 다녔던 예술대학에는 '건미과'가 있었다. 건축미술과의 줄임말이다. 당시 예술대학이 만들어지면서 문예창작과, 연극영화과와 같은 과들이 생겨났다. 지금은 익숙한 이름의 전공들이지만, 당시로서는 매우 낯선 교육 과정이었다. 그중에서 건축미술과가 제일 신기했다. 건미과 친구들은 기다란 플라스틱 원통 케이스를 양궁 선수처럼 들고 다녔다. 그 안에는 설계 도면이 들어 있었다. 그 도면을 옆에서 살펴보고, 그 친구들이 들고 다니는 책들을 기웃거렸다. 그래도 그 과가 뭘 하는 과인지 이해하기 어려웠다. 건축이면 공대이고, 미술이면 미대인데, 건미과는 뭘 하는 곳일까. 건축이 예술의 영역이긴 한 걸까. 지금이라면 확신에 차서 건축도 예술이라고 말하겠지만, 그 시절에는 애매모호했다. 그 애매함 때문이었는지 건미과는 몇 년 만에 건축과로 흡수되었다.

건미과 친구들 덕분에 주변의 건물에 대한 관심이 생겨났다. 새롭게 올라오는 건물들을 유심히 살펴보았다. 당시 서울에서 눈에 띄는 건물은 몇 개 되지 않았다. 광교에 있던 삼일빌딩, 새로 짓던 롯데백화점 건물 같은 고층 건물들이 주 관심사였다. 수십 층 높이의 건물이 성글어 보이는 철강 구조물로 시작된다는 사실이 신기했다. 점차 외형을 갖추어가는 건물의 높이와 크기를 지켜보며 인간 능력의 경이로움을 느꼈던 것이 관심의 출발이었다.

내가 이후 건축에 본격적인 관심을 가지게 된 데에는 이런 추억이 작용했다. 건미과라는 이상한 이름의 과에서 공부하는 친구들을 호기심 있게 바라보던 추억, 내가 익숙하게 지나치던 곳에 거대한 고층 건물이 들어서는 걸 보고 감탄했던 추억이 출발점이었다. 어떤 것을 느끼는 일은 기본적으로 '신기하다'라는 감정에서 출발한다. 궁금해야 느낄 수 있기 때문이다. 사람들이 피라미드, 만리장성과 같은 거대한 구조물을 찾아가는 이유도 일단 신기하기 때문이다. 인간이 만들었다고 믿기 어려운 것은 일단 감탄을 자아내기 마련이다.

사람이 굉장히 공들여 만든 모든 것들은 경외심을 부른다. 특히 거대한 규모의 구조물들이 그렇다. 규모가 크지 않더라도 섬세하고 정교한 솜씨에서 오는 경외심도 있다. 이 두 가지가 다 충족된 건축 앞에 서면 순간

숨이 막힌다. 대표적으로 이탈리아 밀라노 대성당이 그런 건축물이다. 1990년대 초반 첫 이탈리아 여행에서 밀라노 대성당을 만났다. 대리석으로 조각된 고딕 양식의 첨탑이 온 건물을 장식했다. 성당은 예상했던 것보다 훨씬 컸다. 딱딱한 돌로 이토록 정교하게 형태를 표현할 수 있다는 게 믿기지 않았다. 건물에 압도당했다는 경험을 강하게 한 것이다. 내가 느낀 압도감의 정체가 궁금했다.

일부러 첨탑의 꼭대기까지 올라가 꼼꼼하게 살펴봤다. 성당의 내부는 더 극적이었다. 밖에서 본 성당의 규모보다 안에서 본 실내가 더 크고 웅장한 느낌이 들었다. 이 건물 하나가 유럽 문명의 정수를 몽땅 담고 있는 듯했다. 처음 접한 유럽의 건축은 상상했던 것보다 훨씬 큰 파괴력으로 다가왔다. 그때 알았다. 화려한 건축은 그 자체로 인간을 압도하는 힘이 있다는 것을. 그제야 밀라노 대성당 같은 건축물이 왜 만들어졌는지 이해되었다. 거대하고 화려한 건축은 그 존재가 인간을 굴복시키려는 용도였던 거다. 이런 대단한 건물을 세우고 유지할 수 있는 힘과 권능 앞에 머리를 숙일 수밖에 없다. 건축이 거대하고 화려할수록 큰 힘이 생겼던 것이다.

여행을 다닐수록 더 많은 건축물을 보게 되었다. 일부러 대자연을 보러 가지 않는 바에야 우리가 관광지에 가서 보게 되는 거의 대부분이 건축물이다. 전 세계인이 사랑하는 관광지 이탈리아를 보면 알 수 있다. 이탈리아의 로마, 밀라노, 베네치아, 피렌체는 세계적인 관광지로 이름 높다. 모두 옛 로마제국의 영화로 사람들을 끌어당기는 곳이다.

그 로마의 영화를 무엇으로 확인하겠는가. 시간을 딛고 남아 있는 건물을 보는 것이다. 당시의 흔적이 남은 건물을 보는 것만으로도 전 세계를 쥐락펴락했던 대제국의 실체가 느껴진다. 콜로세움 같은 원형경기장의 규모를 보면 로마제국의 국력이 어떠했는지 바로 수긍할 수 있다. 고대 로마 시대의 유적지 포로 로마노에 남아 있는 신전을 보면 로마 문화의 위대함을 바로 알 수 있다. 폐허가 된 신전의 돌기둥 하나에 새겨진 흔적만으로도 당시 문화의 엄청난 깊이를 떠올릴 수 있다.

베네치아의 산 마르코 광장에 들어서면 금빛 성당과 두칼레 궁전이 눈에 들어온다. 온갖 색깔의 대리석을 조각해 장식한 건물의 곳곳을 보면 탄성이 터진다. '이런 걸 정말 인간이 만들었을까.'라는 생각이 절로 든다. 공간은 시간을 좌우한다. 피렌체 두오모 성당에서 붉은 돔 천장을 보면 그 옛날 르네상스 시대에 서 있는 듯한 기분이 든다. 돔 구조의 건물 내부에 들어서면 천장으로 시선이 집중된다. 천장에서 아래로 햇빛이 비치면 신의 존재를 믿지 말라고 해도 믿게 된다. 건물의 안팎은 사람의 시선을 잡아두는 장치들로 가득하다. 우리가 평상시에 쉽게 볼 수 없는 창문의 모양과 벽의 형태가 신기하다. 빈틈마다 놓여 있는 조각상의 효과는 더욱 극적이다. 건축이 풍기는 입체적 시각 효과에 설득당하지 않을 수 없다.

두오모 성당에서 조금만 더 가면 우피치 미술관이 나온다. 유명한 메디치 가문의 신화를 떠올리는 데 여기보다 적합한 곳은 없다. 르네상스 시대의 보물은 이곳에 다 있다는 생각이 든다. 건물을 장식한 온갖 조각상의 다채로움에 눈을 빼앗기면, 피렌체란 도시는 몇 달을 머물러도 다 보지 못할 듯싶다. 이탈리아의 도시만이 아니다. 파리에서도 비엔나에서도 쾰른과 울름에서도 건축물이 주는 효과는 비슷하다. 유럽의 오래된 도시들을 다니다 보면, 건물은 그 자체로 숭배의 대상이라는 생각이 든다. 인간의 상식을 뛰어넘고, 새로운 상상력을 보여주는 온갖 장치의 실현 장소가 건축이라는 것을 깨닫게 된다.

이 건축들은 건물 하나로 끝나는 게 아니라 도시 전체를 만든다. 운하로 이어져 있는 도시 베네치아의 독특함은 곤돌라를 타고 갈 때 극적으로 펼쳐진다. 좌우로 펼쳐진 오래된 건물들의 스카이라인과 운하를 가로지르는 석조 다리의 우아한 곡선이 겹칠 때, 베네치아라는 도시의 아름다움은 극대화된다. 바티칸의 시스티나 성당을 보면 좌우대칭 구조의 이 건물이 도시의 중심을 잇는 중심축 역할을 한다는 걸 이해하게 된다.

미술, 음악과 달리 건물은 아무런 이야기도 들려주지 않는다. 하지만 멋진 건물은 사람의 기대를 부풀리고 감정을 키우고, 의욕 과잉의 상태로 이끈다. 보는 이가 알아서 실제보다 부풀려진 과거를 상상하고 빈 행간을 채워 넣는다. 평소에 하지 않던 생각을 끄집어낸다.

이래서 건축을 들여다보는 일은 재미있다. 인간을 자극하는 다양한 시각적 요소를 한 공간 안에 녹여놓은 종합예술을 관람하는 일이다. 때문에 건축을 보면서 느끼는 감동은 복합적이다. 희로애락 중 어떤 감정인지 그 정체를 딱히 꼽기가 어렵다. 여러 감정이 한꺼번에 올라온다. 건축의 아름다움은 우리가 가진 모든 감정을 극대화하는 힘을 갖고 있다.

2

크기로서의 예술로 감상하기

건축이 인간의 감정을 극대화하는 제1요소는 바로 '크기'이다. 건축에 대한 미감은 '크기의 아름다움'과 직관적으로 연결되어 있다. 거대한 비행기가 뜨고 내리는 모습, 바다 위에서 유조선이 유유히 움직이는 모습은 언제 봐도 경이롭다. 아무 생각 없이 수십 분을 바라보고 있어도 전혀 지루하지 않다. 그런 경이로움은 크기와 관련 있다. 왜냐하면 비행기가 하늘을 나는 메커니즘이나 배가 물 위에 뜨는 작동 원리를 안다고 해도, 그 느낌이 사라지는 게 아니기 때문이다. 압도적인 형태를 볼때 우러나오는 어떤 감정이 우리 안에 있다. 현대 설치미술의 크기가 점점 커지는 것도 이와 관련이 있다. 일단 크면 유사한 다른 예술품보다 더 큰 감동을 불러일으키기에 유리하다.

건축을 마주할 때의 첫 감정도 그 크기와 입체감과 절대적인 관련이 있다. 커서 압도되든 작아서 정감이 가든, 그 형태에서 우러나오는 감정이 먼저다. 건물은 가로세로 높이를 지닌 '커다란 입체'이다. 아무리 인상적인 그림이라도 평면인 캔버스를 넘지 못하고 아름다운 화음의 음악을 들더라도 감동의 시간은 허망하도록 짧다. 건축은 이런 아쉬움을 뛰어넘는다. 커다란 공간에 펼쳐지는 형태의 조형성은 인간의 마음에 오래 남기에 충분하다. 흙, 돌, 철, 유리로 만든 건축물은 사라지지 않으며 변하지도 않는다. 이런 강한 영속성을 지닌 사물 앞에서 숙연해진 경험은 누구에게나 있을 것이다.

크기가 큰 건축물은 실용적인 목적을 넘어 하나의 상징물이 된다. 오늘날 현대사회에 '랜드마크'라는 말이 있다. 그 랜드마크의 대부분이 거대한 건물이다. 건축이 상징이 되면 그 자체로 지속적인 힘을 발휘하며 사람들의 기억을 지배한다. 이집트의 피라미드도 중국의 만리장성도 마찬가지다. 왜 쓸데없이 크게 지었는가, 왜 이런 모양으로 지었는가. 곳곳을 살펴보면 합리적이고 기능적인 이유가 있겠지만, 별 쓸모가 없는 건물일수록 도리어 상징성은 크다. 필요 이상으로 더 크게 더 높게 만들어놓을 때 상징의 힘은 커지기 때문이다.

독일에 울름이라는 도시가 있다. 빼어난 디자인으로 이름난 브라운사의 전설적인 디자이너 한스 구겔로트가 나온 울름조형학교가 여기에

독일 울름 대성당

절대적인 크기만으로 느껴지는 미감이 있다. 압도적으로 크면 왜 이렇게까지 높고 크게 지었는지, 그 내막은 중요하지 않다. 사람들이 찾는 유명한 건축물들이 하나같이 거대한 규모를 자랑하는 이유다.

있다. 이곳에는 고딕식 성당 중에 최고 높은 탑을 가진 울름 대성당이 있다. 높이가 160m가 넘는다. 얼마나 높은지 교회 앞에서는 탑의 끝이 보이지도 않는다. 교회 앞 광장의 끄트머리에 가서야 겨우 눈에 들어오는 첨탑의 위용이 대단하다. 왜 이런 탑을 지었을까. 인간에게 신의 놀라운 권능을 느끼라는 요구이다.

위로 긴 건물만이 아니라 옆으로 긴 건물도 놀랍기는 마찬가지다. 동독은 사회주의 체제의 우월함을 과시하기 위해 엄청나게 길고 큰 아파트를 지었다. 이 아파트는 리하르트 파울릭Richard Paulick이란 바우하우스 출신 건축가의 솜씨다. 위압적이고 무거워 보인다. 불만 갖지 말고 조용히 살라는 무언의 압박 같다. 이와 같은 거대한 건축물에서 예술성

바우하우스의 지향점이 엿보이는 독일 데사우의 아파트

르 코르뷔지에가 설계한 아파트

인간은 누구나 건물 안에서 살 수밖에 없다. 그 공간을 어떻게 구성하느냐에 따라 삶의 색깔이 바뀐다. 천편일률적인 아파트도 캔버스처럼 구상할 수 있는 것이다.

을 따지는 건 의미가 없을지도 모른다. 다른 건물들과는 만들어진 이유와 출발점이 다르기 때문이다. 이렇게 과시가 목적인 건축물들은 하나같이 크거나 높거나 좌우대칭의 형태를 지니고 있다. 거대한 건축물 자체가 가지고 있는 독보적인 압도감과 세월에 스러지지 않는 영속성이 더해지면 인류의 위대한 작품이 된다.

게다가 과시적인 건축일수록 권력자의 강한 의지와 막강한 재력이 동원된다. 그만큼 당대 최고의 인력과 기술이 투입된다. 때문에 건물을 지으라고 명령한 이들의 의도를 넘어 그 건물은 그 시대의 기술이 추구하는 이상을 실천하는 공간이 된다. 건물의 용도가 무엇이든 당대 기술자들과 건축가들이 가지고 있는 이상을 실현할 기회가 되는 셈이다.

터키 이스탄불의 성 소피아 성당이 좋은 예다. 성 소피아 성당은 현존하는 최고의 비잔틴 건축물이다. 원래 이 건물은 기독교의 성전으로 지어졌으나, 동로마제국이 멸망한 이후 이슬람교의 성전으로 쓰였고, 현재는 미술관으로 사용되고 있다. 성 소피아 성당의 거대한 돔은 지름이 32m가 넘는 데다 지상으로부터 57m나 높은 곳에 위치하고 있다. 그 당시에 이런 기술이 어떻게 가능했을까. 성 소피아 성당을 건립한 이들은 안테미우스와 이시도루스이다. 이들은 건축가가 아니라 과학자였다. 안테미우스는 기하학의 대가였고, 이시도루스는 물리학자였다. 당대 최고의 과학자들이 이 성당을 지으면서 그들의 이상을 실현한 것이다. 과거 이 성당을 번갈아 차지했던 기독교도들도 이슬람교도들도 사라졌지만, 이 건축물은 그 자체의 위대함으로 살아남았다. 이렇게 보면 건축 자체에는 이데올로기가 끼어들 틈이 없는 게 아닌가라는 생각이 든다.

건물의 크기가 위압적으로 다가오지 않는 경우도 있다. 세상을 온통 성냥갑 같은 건물로 뒤덮이게 한 장본인, 르 코르뷔지에Le Corbusier가 설계한 아파트이다. 르 코르뷔지에는 규격화, 표준화를 통해 모듈 형식의 조립식 건축을 시도한 프론티어이다. 그의 실험적인 아파트는 파리와 베를린에 남아 있다. 서울 잠실 주공5단지 아파트와 같은 크고 넓적한 모양의 아파트 한 동에 색채의 마법을 부려놓았다. 창틀과 격벽의 경계를 각기 다른 색채로 채워 넣은 것이다. 아파트 전면은 거대한 캔버스 같다. 마치 몬드리안의 구상을 보는 듯한 즐거움이 크기의 압도감을 중화

시킨다. 세기의 거장이란 명성은 허명이 아니었다. 건축이 얼마나 재미있는지를 보여주는 사례로 기억된다. 큰 건물을 캔버스처럼 쓰는 발상, 그리고 어떻게 그리느냐에 따라 똑같은 크기의 건물도 느낌이 달라지는 신기함을 느꼈다. 이러니 건축이 예술인 것이다.

3

건축미의 기본, 비례와 균형

크다고 다 멋있는가. 그렇지 않은 건물도 있다. 건축주는 자랑하는데 보는 사람은 마음이 가지 않는 건물들이 있다. 그런 건물들을 보면 가장 기본이 되는 비례와 균형이 어긋난 경우가 많다. 비례와 균형은 미적 감각의 기본 요소이다. 이미 여러 실험에서 밝혀진바, 사람들이 미인, 미남이라고 느끼는 외모를 분석해보면 비례와 균형이 중요한 요소로 작용하고 있다. 사물도 마찬가지다.

건축이야말로 이런 미적 요소가 가장 중요하게 작용하는 분야이다. 건축의 아름다움은 그 건축물의 히스토리나 자세한 내용을 몰라도 바로 느껴진다. 기둥의 높이와 지붕의 폭이 갖는 비례의 안정감을 굳이 수치화할 필요가 없다. 보는 순간 '왠지 불안해 보인다.' 혹은 '짜임새 있다.'가 느껴진다. 아름답다고 하는 이 세상의 모든 건물은 비례와 균형이 뛰어나다. 그리스 아테네의 파르테논 신전이나 경북 영주 부석사의 무량수전은 이런 맥락에서 같다.

건축에 담겨 있는 미적 감각의 근원은 형태를 바라보는 인간의 본능이기도 하다. 서로 교류가 없던 과거의 동양과 서양의 건물에서 공통으로 찾아지는 규칙은 비례와 균형의 안정감이다. 크기가 다르고, 돌 대신 나무로 지었을 뿐, 완성된 건물에서 풍기는 느낌은 놀라울 만큼 비슷하다. 시대를 따라 건축양식이 바뀌고 건물의 외형은 변화해도 마찬가지다. 그 바탕인 비례와 균형의 조화는 바뀌지 않는다. 건축은 어수선해 보이는 세상에 어떤 질서를 부여하는 예술이라는 특징이 있다. 세상의 멋진 건물들을 가만히 들여다보면 모두 조화의 완결을 꾀했던 것을 알 수 있다.

그러면 어떻게 그 비례와 균형을 구현했을까. 그 방법은 놀랍도록 단순하다. 기둥, 지붕, 벽, 창문, 문, 계단, 복도 등. 이런 요소들을 어떻게 배치하느냐, 그 길이와 높이를 어떻게 하느냐에 달려 있다. 매우 특이해 보이는 건물도 이런 기본적인 건축적 요소들의 조합이다. 아주 단순하게 이야기하면 아이들이 장난감 블록으로 집과 건물을 만들 때 결정하는 일과 크게 다르지 않다.

높은 천장을 가진 건축물들을 비교해보면 비례와 균형의 중요함을

충남 논산 강경성당

동서양을 막론하고 위대한 건축물에서 발견되는 공통점은 비례, 균형, 대칭이다. 건축은 어수선한 세상에 질서를 부여하는 예술이다.

금방 알 수 있다. 서울 논현동에 이디야 커피랩이 있다. 이곳의 매력은 높은 천장이다. 1층부터 3층을 튼 공간에 원형계단으로 이동하게 만든 설계의 묘미가 있다. 2층에 있으면 아래층이 훤히 내려다보인다. 일상적으로 보던 공간의 너비와 폭이 아니다. 소실점이 몇 십 미터로 늘어난 듯한 확장감은 신선하다. 커피 한 잔을 마셔도 느낌이 다르다.

　그런데 이곳처럼 천장이 높다고 무조건 좋은 것도 아니다. 어떤 건물은 불편하다. 똑같이 천장이 높아도 시원하게 느껴지지 않는다. 너무 개방되어 있어서 시선을 처리하기 힘들고, 심리적 안정감을 주지 못한다. 어떤 차이가 있는 것이다.

　건축은 사람과 많이 닮았다. 누구나 눈, 코, 입이 있고 팔, 다리를 갖고 있지만 그 형태와 비례, 균형에 따라 '그 사람만의 느낌'이 생겨나는 것처럼, 건축물도 비슷한 소재를 사용해도 형태, 비례, 균형에 따라 전혀 다른 느낌을 만들어낸다. 건축이 가지고 있는 '선의 느낌'도 마찬가지다. 똑같은 규모여도 세로 선이 강조된 건물과 가로 선이 강조된 건물이 주는 인상이 다르다. 건물에 같은 재질을 써도 어떻게 쓰느냐에 따라 인상이 달라진다. 같은 종류의 벽돌을 사용한 건축인데, 벽돌을 어떻게 쌓았느냐, 줄눈을 어떻게 두었느냐, 빛을 어디에서 받게 했느냐에 따라 느낌이 다르다.

이런 차이를 생각하면서 관찰하면 건축물 안에서 하루 종일 놀 수도 있다. 창문을 아래로 냈으면 어땠을까. 아침에 빛이 들어오면 이 공간은 어떻게 바뀔까. 이 벽돌을 세로로 쌓지 않고 가로로 쌓았으면 어땠을까. 건축가가 아니라고 해도 이런 상상을 할 수 있다. 이렇게 상상을 하는 일은 우리가 갖고 있는 비례와 균형에 대한 감각을 일깨운다. 인간이 갖고 있는 만들고 짓는 것에 대한 욕망을 깨우는 것이다.

건축을 볼 때는 건물의 안과 밖, 건물이 놓인 환경까지 다 고려해야 한다. 그러나 처음에는 장식적인 측면, 특히 내부의 아름다움에 많이 끌린다. 화려하게 장식된 러시아의 궁전, 유럽의 대성당을 채운 조각과 그림 등은 정신없이 사람의 눈을 홀린다. 건축은 건물 안팎의 모든 걸 포함시켜 완성하는 종합예술이다. 인테리어도 당연히 예술이다. 건물과 어울리지 않는 인테리어는 건축의 완성도를 떨어뜨린다.

인테리어란 공간의 유기적 흐름을 끊지 않는 작은 선택의 조합이다.

투명한 유리와 회색의 콘크리트를 주로 쓴 사각형의 건물 내부에 짙은 색깔의 복잡한 장식물이 붙어 있다면 얼마나 이상할까. 인테리어의 중요성을 아는 이들은 집을 짓는 만큼의 비용을 들이기도 한다. 집 짓는 재료가 열 개 정도라면 인테리어에 들어가는 재료는 천 개라는 말이 있다. 무한한 재료로 무한한 조합이 가능하다.

하지만 인테리어는 궁극적으로 빈 공간을 채우는 일이 아니라, 비워 두어야 할 공간을 생각해내는 일이다. 안정된 인테리어는 아무것도 놓아두지 않은 빈 공간을 자연스럽고 아름답게 느끼게 만든다. 비어 있는데 안정적인 것만큼 훌륭한 인테리어가 없다. 굳이 따로 장식을 하지 않더라도, 건물 뼈대만으로 이러한 효과를 낸다면 정말 최고의 건축물이다. 안과 밖, 인테리어interior와 익스테리어exterior(외부구조)를 동시에 해결한 진정한 건축미라 할 수 있다.

그런 곳이 어디일까. 회랑으로 이어진 중세의 수도원, 조선 역대 왕들의 신위를 모신 종묘의 정전, 조선 수군의 본영으로 썼던 여수의 진남관 같은 건물이 그런 곳이다. 익스테리어와 인테리어가 지금처럼 나누어지지 않았던 시절의 건물들이다. 이런 건물들이 현대인들에게도 사랑받는 건축물인 데는 빈 공간에서 오는 안정감이 높기 때문이다.

개인의 집이나 공공건물도 좋은 인상을 주는 곳들을 보면 여백의 느낌이 도드라지는 곳이다. 이렇게 생각하면 극단적으로 비워서 단순화하고, 색채마저 지워 백색으로 완결한 경우가 궁극의 실내장식일 것이다. 그러나 사람이 사는 공간이 이럴 수는 없다. 건축물 안에서 사람들

스위스 베른의 화장실

건축은 안과 밖, 공간과 사물의 조화를 추구하는 종합예술이다. 조화로운 공간을 마주하게 되면 마치 미술관에 와 있는 것과 같은 느낌이 든다.

은 일상을 산다. 먹고, 마시고, 씻고, 쉬고, 잠자는 시간으로 채워진다. 이 시간들에 필요한 생활 도구와 사물로 어지럽고, 이를 수납하기 위한 가구를 놓는다. 인테리어는 궁극적으로 시간을 설계하는 일이다. 똑같은 건물도 안을 어떻게 쓰느냐에 따라 다양한 느낌의 공간으로 바뀌고, 그 안에 존재하는 사람들의 시간의 흐름이 바뀐다. 가구와 집기 등을 담아두는 공간의 틀이 사람에게 미치는 효과는 매우 크다.

공간의 아름다움은 현대사회에서 점점 더 중요해진다. 요즘 사람들이 몰리는 장소를 살펴보면 파는 물건의 질과 맛이 우선이 아니다. 어떤 의자와 테이블을 두었는지, 내부에 사용된 마감재의 재질은 무엇인지, 벽의 색조는 어떤지, 앉아서 바라보는 바깥 풍경은 어떤지, 천장의 높이에서 오는 느낌은 어떤지가 장소를 찾아가는 기준이 된다. 비슷비슷한 아파트에 사는 이들이 많아질수록, 색다른 공간적 자극을 느끼려는 욕망은 더 커지고 있는 것이다.

인테리어는 패션 못지않게 유행을 따른다. 그만큼 공간의 미를 추구하는 사람들이 많아졌다. 일정 기간을 주기로 바뀌는 내부 장식의 빠른 흐름은 눈이 돌아갈 지경이다. 시간의 역행 효과로 튀는 인테리어도 있다. 최근 추세는 아날로그의 재발견이다. 디지털 세대에게 외려 새롭게 다가오는 과거의 물건이나 물성의 느낌을 활용하는 인테리어가 늘어난다. 화려한 자개장이 현대적인 카페 안으로 들어온다. 조악한 품질의 옛날 알루미늄 상과 생활용품이 고급스러운 현대 건물을 장식한다. 왜 그럴까. 한때 흔했으나 이제 귀해진 것이기 때문이다. 흘러간 시간의 흔적이 의외의 장소와 시간에 놓이는 것만으로 묘한 감정을 자아낸다. 이제 인테리어는 구체적 용도를 지닌 예술 오브제로 발전하고 있다.

건축가들이 인테리어나 가구까지 세세하게 결정하고 싶어하는 경우가 있다. 모든 걸 완결적으로 잇고 싶은 욕망 때문이다. 의자의 역사를 보면 재미있게도 유명 건축가들이 만든 의자가 명작으로 남은 경우가 많다. 르 코르뷔지에나 루트비히 미스 반 데어 로에Ludwig Mies van der Rohe와 같은 건축가들은 왜 의자까지 만들었을까. 자신이 설계한 집에 어울리는 의자가 없으니 결자해지의 입장에서 자신이 원하는 물건까지 만들어낸 것이다.

한 사람의 생각과 의도가 일관성 있게 안팎으로 마무리된 공간을 보면 느낌이 남다르다. 공간의 면적과 비례에 맞게 만들어진 테이블, 창문의 느낌을 극대화하는 형태와 색감의 커튼 등이 잘 어우러진 내부를 보면 캔버스 위에 그려진 평면의 그림이 팝업처럼 올라와서 그대로 입체가 된 듯하다. 비례와 균형으로 조화롭고 통일된 공간은 비록 화장실이어도 한 명의 화가가 처음부터 끝까지 그려낸 듯한 그림과 같은 미감을 주는 것이다.

4

드러나지 않은 부분까지 살펴보기

조화와 통일성의 측면에서 건축을 보기 시작하면, 처음에는 인테리어 요소 중에서 가구, 조명과 같이 드러난 사물에 눈이 가지만 점차 다른 요소로까지 확장된다. 그러다 보면 비슷비슷해 보이는 건물 안에서도 다른 점을 발견할 수 있게 된다. 사실 현대 건축물들은 크게 다르지 않다. 도시의 사각형 건축물들은 전 세계 어디를 가도 유사하다. 마치 세상이 같은 유니폼을 입고 있는 듯하다. 그 안의 모습은 더욱 비슷하다. 유행하는 건축양식과 인테리어가 전 세계 주요 도시를 휩쓴다. 각 문화권에 따른 건축물의 특징을 구분짓는 건 이제 불가능한 일이다. 그러니 건축이나 예술을 전공하지 않는 이들이 공간의 차이를 예민하게 느끼기란 쉽지 않다.

그래서 더 유심히 들여다보아야 차이가 드러난다. 건축에 사용된 재질이 무엇인지, 얼마나 정교하고 완성도 높게 마무리되었는지에 눈이 가게 된다. 디테일의 다름에 주목하게 되면 이른바 '고급스러움'의 정체에 한발 다가간 것이다. 어떤 건물은 엄청난 자본을 들여 지었을 게 분명한데도 고급스러운 느낌이 없다. 세부적인 매끄러움과 정밀함이 없기 때문이다.

스위스제 기계식 시계가 사람들의 소유욕을 자극하고 명품으로 불리는 이유는 무엇일까. 시간을 확인하기 위한 용도라면 다른 시계와 큰 차이가 없을 것이다. 다만 그 정교함이 극에 달한 제품이기 때문이다. 건물도 마찬가지다. 보통의 건물들은 정교함에서 큰 차이가 없다. 반면 좋은 건물들은 안과 밖의 격차, 보이는 것과 보이지 않는 것의 차이를 용납하지 않는다.

독일 뮌헨에 있는 BMW 본사 건물에 들른 적이 있다. 로비는 마치 미술관에 들어온 듯 그림과 조각으로 장식되어 있었다. 자신들이 만드는 차가 어떤 사람들을 향하고 있는지 보여주려는 듯했다. 이런 분위기는 다른 회사의 사옥에서도 쉽게 볼 수 있다. 내가 주의 깊게 본 것은 벽과 계단의 마무리와 같은 건물 자체의 완성도였다. 디테일이 놀라웠다. 물 한 방울 샐 것 같지 않은 매끈함이 눈에 들어왔다. 각각의 출입문과 유리창은 말할 것도 없었다. 견고하고 치밀하게 보이는 재질감은 어디서나 볼 수 있는 평범한 소재 같지 않았다. 두터워 보이는 철판 재질을 사용한 곳이 보였다. 저렇게 두꺼운 철판이 있나, 궁금해서 가까이 가 살펴보았다. 자세히 보니 철판을 접합해 두께를 키운 것이었다. 건물의 재질과 완성도에 감탄이 이어졌다. '이 정도면 됐다.'가 아니라 '이 정도가 아니면 안 된다.'를 보여주는 듯했다. 독일의 크라프트맨십(수공예 장인 정신)을 실감하게 된 계기다.

독일의 건물은 유독 꼼꼼하다. 독일을 벗어나 다른 나라로 발걸음을 돌리면 대체로 건물 안의 디테일은 현저하게 떨어진다. 우리나라도 최근 들어 내장재와 마무리 디테일에 신경을 쓰는 변화가 느껴진다. 건축은 인간이 가진 기술의 이상향을 보여주는 영역이다. 특히 외형보다 보이지 않는 부분까지 완벽을 추구할 때 그 건축물이 지향하는 바를 느낄 수 있다. 이를 세세히 읽어내면 더 나아가 주변도 꼼꼼하게 둘러보고 싶은 마음이 생긴다.

일본 오사카의 우메다 스카이 빌딩은 꼭대기에 있는 원형의 전망대 공중정원으로 유명하다. 그 형태를 보면 커다란 두 개의 고층 건물이 나란히 서 있고, 그 두 건물을 공중에서 연결한 다리 위에 전망대가 있다. 왜 이 고층 전망대에 '정원'이라고 이름 붙였는지는, 지상에 내려와 빌딩 뒤에 숨겨져 있는 작은 정원의 존재를 알았을 때 비로소 이해할 수 있다. 이 정원은 우메다 스카이 빌딩이 지어질 때 같이 조성된 것이다. 삭막한 도심 한가운데 산속 계곡의 모습을 재현해놓았다. 불교에는 '월천공덕越川功德'이라는 말이 있다. 냇물에 다리를 놓아 사람들이 건너다닐 수 있게 하는 일을 덕행의 하나로 일컫는 말이다. 계곡의 모습을 한 이 작은 정원에도 다리가 놓여 있다. 우메다 스카이 빌딩의 건축가 혹은 건축주가 이 건물을 지을 때 어떤 생각을 갖고 있었는지를 알게 해주는 곳이었다. 건물 하나만 보고 갔다면 발견할 수 없었을 것이다.

건물만 봐서는 건축의 아름다움을 제대로 느끼기 어렵다. 주변 환경이라는 맥락 속에서 바라보아야 한다. 건축물은 그것이 놓인 조건의 제약을 받기 때문이다. 평지에선 크고 높은 건물이 효과적이다. 평평한 허허벌판에 서게 될 피라미드는 웬만큼 높고 크지 않으면 압도적이지 않을 것이다. 때문에 크기가 커질 수밖에 없다. 하늘과 맞닿은 접점 효과가 극적으로 드러나게 최대한 뾰족한 형태로 지었을 것이다. 이런 조건 속에서 이상적 비례와 균형을 갖추려고 노력한 결과물이 피라미드이다.

유럽의 유명 건축물들의 크기가 큰 이유도 주위 환경과 연관이 있다. 얕은 구릉지대나 평지에 들어선 유럽의 도시에선 건물이 높아야 사람들의 눈에 들어온다. 자금성도 마찬가지다. 베이징은 산이 거의 없는 도시이다. 큰 산들은 베이징 외곽으로 나가야 볼 수 있다. 베이징 한복판에 있는 자금성의 규모가 큰 것은 거대한 제국을 다스리고 있다는 황제의 권력을 자랑하기 위한 이유가 첫째였겠지만, 그곳의 지형이 큰 건축물을 가능하게 했기 때문이다.

과거 조선 건축물들의 높이가 낮았던 이유가 중국과의 정치적 관계 때문이라고 하는 이야기가 있다. 그런 이유도 있겠으나, 전체적인 맥락에서 보면 그것을 주된 이유로 볼 수는 없다는 게 내 생각이다. 우리나라는 어

우메다 스카이 빌딩과 우메다 정원의 일부

건축에 관심을 갖게 되면, 주변도 촘촘하게 살펴보게 된다. 의미를 찾기 위해 탐색하는 범위가 넓어지는 것이다. 보이지 않던 것이 눈에 들어오고, 관계없어 보이는 것들의 맥락이 잡힌다.

디나 산으로 둘러싸여 있다. 산 바로 아래에 촌락이 형성된다. 웬만큼 크게 지어도 산의 기세에 맞설 만큼 압도적인 건물을 지으면서 주변과 조화되는 건 불가능하다. 건물이 커질 이유가 없는 것이다. 그러니 높이가 아닌 다른 방식으로 그 존재감을 돋보이게 하는 설계에 집중하게 된다. 자연을 거스르지 않는 한국 건축의 미학은 이 때문에 등장한 것이다.

무엇보다 건축은 재료의 한계 안에서 지어진다는 점을 이해해야 한다. 일본과 비교해보면 알 수 있다. 우리나라는 큰 나무가 별로 없었을 뿐만 아니라, 산지가 많아 대형 목재를 운송하기가 어려울 수밖에 없었다. 교토, 나라 인근의 옛 건물들의 규모를 보면 우리보다 크다. 큰 목재가 많고 운송이 쉬운 지리적 장점이 작용했다. 그럼에도 일본의 옛 건물도 그리

높지 않다. 오사카성이나 나라의 도다이지東大寺 같은 커다란 건물이 있긴 해도, 예외적인 경우다. 지진이 자주 발생한다는 환경적 조건에 영향을 받는 것이다.

건축의 아름다움은 놓이는 자리에 어울려 빛나는 게 최고다. 안동 하회마을 고택의 아름다움은 물도리동의 굽이치는 강물과 마을을 둘러싼 풍산벌의 너른 지형을 빼놓고 설명할 수 없다. 논밭이 펼쳐진 아산 외암마을의 집들은 돌담길을 같이 보아야 그 아름다움이 제대로 들어온다. 집이란 땅 위의 돌출물로서 주위 배경과 일체화되는 속성이 있다. 어떤 지형에 높이를 가진 사물을 얹는다는 건, 그 지형 전체를 새롭게 창조하는 것과 비슷한 일이다. 주변과 어울림 없이 혼자서만 존재감을 뽐낼 수 없다. 건축이 들어설 때 그 터와의 관계를 해결하지 못하면 그 아름다움이 드러나긴 틀렸다.

세상의 모든 형태는 배경이 있어야 드러나게 마련이다. 단순한 배경에서는 뭘 들여놔도 돋보인다. 반대의 경우라면 아무리 잘나도 묻혀 버릴 것이 뻔하다. 서로의 거리를 떨어뜨릴 수 없고, 서로 복잡하게 붙어 있는 대도시의 집들이 웬만해선 돋보일 수 없는 이유다. 그런 점을 놓치는 게 어설픈 건축주와 건축가가 하는 실수이다. 설계 도면을 그릴 때는 만들어질 집을 상상하면서 덧붙여야 할 게 많다고 느낀다. 이것도 필요하고, 저것도 필요하다고 생각한다. 집 그 자체로 완결적이고 싶다. 그런데 막상 집이 지어지면 덧붙인 것이 얼마나 거슬리는지 알게 된다. 대부분 배경과 어울리지 않는 과잉으로 인한 부조화 탓이다. 아름다운 건물은 이런 오류에 빠지지 않는다. 좋은 건물은 오히려 스스로를 지워, 복잡한 배경 속에 빛나는 선택을 한다.

그런 맥락에서 서울의 인상적 건물을 꼽으라면 장충동에 있는 경동교회를 들 수 있다. 건축가 김수근이 설계한, 이 크지 않은 교회는 붉은 벽돌로 마감되어 있다. 거칠게 쳐낸 벽돌로 건물의 외벽을 쌓아 원래 그 자리에 있었던 같은 자연스러움이 풍겨 나온다. 세월이 흘러 담쟁이 덩굴이 건물을 덮었다. 이 교회는 자연으로 다시 돌아가 흙이 되어버린 것 같다. 인공의 흔적을 스스로 지운 이 건물은 모든 걸 포용하는 절대자의 표상처럼 느껴진다. 교회 주변으로는 벽돌을 박아 넣은 좁은 길이 있다. 원래 있던 좁은 길의 굴곡을 그대로 남겨두었다. 길이 구불구불하니 교회의 형태가 한눈에 포착되지 않는다. 몸을 움직여 몇 발자국씩 다가설 때마다 달라지는 건물의 표정은 놀랍다. 작지만 결코 작지 않은 위용을 느끼게 된다.

막 지었을 때보다 시간이 지날수록 더욱 아름다워지는 건물이다. 주변에 어지럽게 들어선 큰 건물들 사이에서도 이 건물은 주눅 들지 않는다. 색채와 존재의 대비로 우뚝하다. 삭막한 콘크리트로 가득한 도시 한구석에 이런 보석 같은 건물이 숨겨져 있다는 게 정말 다행이다. 이 교회에서 예배를 보는 사람들은 느낌이 각별할 듯싶다. 좋은 건물에 있으면 다가오는 모든 것이 그 존재감을 뽐낸다. 똑같은 판소리도 마당이 있는 고택에서 들으면 훨씬 역동적으로 다가오듯이 말이다.

그런 숨어 있는 건물들을 찾아내고 다녀보는 재미가 바로 건축을 즐기는 방법이다. 경동교회를 비롯하여 보석 같은 건물을 지을 수 있는 능력은 당대의 뛰어난 전문가들만이 갖고 있다. 오래가는 건축의 아름다움은 섣부른 아마추어의 작업이 아니라, 그 시대 최고 전문가의 실력에서 비롯된 것이라는 데 의미가 있다. 우리가 건축을 인간의 미학이 진화하는 위대한 증거로 받아들이는 이유이다.

100여 년 전 바우하우스의 발터 그로피우스Walter Gropius는 이미 종합예술로서의 현대건축을 예견했다. 그로피우스는 "예술과 기술의 통합이 곧 건축이다."라고 말했다. 이 말에 전적으로 공감한다. 건축이라는 영역 안에서 예술과 과학이 만나고, 과거와 현대가 뒤섞인다. 그 충돌과 통합의 흔적들을 찾아보는 재미가 바로 건축을 하나의 예술로서 즐기는 일이다.

5

인간의 삶을 통째로 바꾸는 종합예술

건축을 즐기는 일이 다른 예술과 다른 점 중 하나는 소유가 쉽지 않다는 것이다. 집을 여러 채 갖는 사람이 몇이나 있겠는가. 그런 점에서 건축을 즐기는 이유는 등산을 하는 이유와 비슷하다. 좋은 공간을 즐기는 기쁨은 가져서 얻는 만족감이 아니라, 일상을 벗어난 체험에서 오는 신선함에 가깝다. 산에 오르는 이들이 결국 얻고자 하는 것은 산 정상에서 내려다보는 세상의 축소감이다. 정상에 오르면 평소에 눈에 담을 수 없는 거대한 풍경이 한눈에 들어온다. 게다가 한 발 한 발 디뎌서 이 커다란 산의 꼭대기에 섰다는 쾌감도 크다. 등산의 기쁨이 꼭 산을 내 발

밑에 두는 뿌듯함만은 아니다. 그보다는 인간이 가질 수 없는 규모의 것을 순간 소유한 충족감에 가깝다.

건축에서 우리가 얻는 만족은 밖에서 멋지게 지어진 외관을 살펴보거나 내부의 멋진 인테리어를 감상하는 일만이 아니다. 마치 등산을 하는 것처럼 그 건물 안에서 마주하는 시선의 쾌감이 중요하다. 안에서 밖이 보이지 않는 건물도 충분히 아름다울 수 있지만, 밖을 안으로 끌어들여 시선을 확장하는 재주야말로 건축이 가진 재주 중에 으뜸이다.

강릉 씨마크 호텔은 그 빼어남으로 유명하다. 건축계의 노벨상이라는 프리츠커상을 수상한 리처드 마이어의 의도와 솜씨에 실내 인테리어의 디테일이 빛을 더한다. 이탈리아의 세계적인 디자이너 로베르토 라체로니가 만든 스타트랙 암체어가 놓여 있다. 의자를 잘 아는 이들이라면 꼭 한 번 앉아보거나 무슨 수를 써서라도 사고 싶은 걸물이다. 산업용 기기 같은 느낌의 토비아스 그라우 조명이 목재 삼발이에 얹혀 불을 비춘다. 도저히 어울리지 않을 듯한 개성이 조합되어 희한하게도 편안하게 어울린다. 모두 시대의 명품이라 불러도 될 만한 물건들이다. 이 건물의 결정적인 놀라움은 조망에 있다. 15층에 올라가면 사면으로 동시에 경포대가 들어온다. 그곳에서 보게 되는 경포대는 우리가 익숙하게 보던 경포대가 아니다. 높이로 인해서 새롭게 발견되는 조망이다.

씨마크 호텔처럼 경관이 좋은 곳에 지은 높은 건축물이 아니더라도, 밖의 공간을 안으로 끌어들이고, 안의 공간이 밖으로 확장되는 구조를 만들어내는 것이야말로 건축가의 놀라운 창조성이다. 건축물은 빈 공간에 뭔가가 올라오면서 허공을 막는 일이다. 그런데 오히려 그 건축물로 인해 안과 밖이 만나고, 인지되는 공간의 범위가 새롭게 확장된다. 그런 느낌을 받을 때 건축의 놀라움을 느끼게 된다. 건축의 역사에 길이 이름이 남는 건축물들은 모두 이런 목표를 이룬 것들이다. 산동네에 있는 아파트가 도시 전체의 풍경을 일상 안으로 끌어들이고, 바닷가의 작은 집이 드넓은 수평선과 연결되어 대자연을 품게 하는 것. 그런 공간을 만들어내는 것이야말로 인간의 위대한 능력이다.

건축가와 건축주가 공간에 대한 이상향을 공유하여 멋진 집을 지은 경우를 보았다. 건축주는 평소에 건축에 관심이 많은 사람이었다. 그는 안에서도 건물의 겉모습을 볼 수 있고 밖에선 안의 분위기가 느껴지길 바랐다. 안과 밖이 일치하는 일종의 형용모순인 집을 짓기로 한 것이다. 그는 옆집을 사들여 기존의 자신의 집과 연계하고 싶어 했다. 이 일을 평소 알고 지내던 건축가에게 의뢰했다. 두 사람은 긴 시간 서로의 의견을 나누었고 생각을 구체화해갔다. 옆에서 지켜보던 나도 결과가 매우 궁금했다. 집을 짓는 과정을 지켜봤다. 집은 이상했다. 기다란 컨테이너 같은 두 개의 건물 사이에 빈 공간을 둔 모습이었다. 도심에서 땅을 버려둔다는 것은 엄청난 낭비다. 대부분의 사람들은 자신이 가진 땅의 크기에 최대한 꽉 차게 건물을 짓는다. 그런데 이 집은 비싼 땅에 지어지는 건물 치곤 용적률이 너무 낮았다. 빈 공간이 더 많아 보였다. 건축가가 자신이 살 집이 아니라고 너무 멋을 낸 것이 아닌가 하는 생각도 들었다. 우려와 기대 속에 건물이 완공됐다. 결과는 훌륭했다.

노출 콘크리트 기법의 단순하고 긴 형태의 건물이 연못을 중심으로 양쪽에 펼쳐졌다. 안쪽 건물엔 한옥의 장지문을 달아 밖을 볼 수 있게 했고, 바깥 건물은 전면을 유리로 처리해 안과 밖을 동시에 볼 수 있게 했다. 각각의 건물 내부의 폭은 좁고 서로 분리되어 있었지만, 이렇게 가운데 공간을 트고 서로를 바라보게 하니 오히려 시선이 확장되고 공간이 연결되는 효과가 생겨났다. 바깥 건물의 자투리땅에는 나무와 풀을 심어 자연을 재현했다. 절묘한 공간 배치였다. 사는 이를 배려한 '보는 기쁨'이 있는 건물이 만들어진 것이다.

건축주의 취향과 건축가의 고집이 절묘한 타협점을 찾은 결과였다. 실현 불가능한 일방적 주문을 하지 않았던 이와 전문성을 바탕으로 기대 이상의 건축적 장치를 완결시킨 이의 협업이었다. 밖과 안의 조화, 집을 설계한 이와 사는 이의 충족감이 일치하는 흔치 않은 사례였다. 건축의 미학이 무엇인지 바로 눈앞에서 확인하게 된 일이었다. 그곳에서 사는 이는 안에 머물러도 외부와 소통하는 느낌을 갖게 될 것이다. 삶의 내용이 바뀐 것이다. 건축주는 새로 지어진 집을 너무 좋아했다. 사계절의 변화를 집 안팎에서 동시에 느낄 수 있는 내밀한 공간이 된 덕분이다.

건축은 인간의 삶 그 자체라고 할 수 있다. 우리는 집 밖에서 살 수 없기 때문이다. 건축은 지어지는 순간부터 그곳 사람들의 삶의 조건을 반영한다. 현대의 건축가들도 삶의 터전을 중시하고, 오래된 건축양식을 존중하는 건축적 시도를 끊임없이 해왔다. 파리의 퐁피두 센터를 설계한 이탈리아의 건축가 렌조 피아노도 그렇다. 그는 하이테크 건축의 대가지만 전통적 삶의 방식을 존중했다. 뉴칼레도니아에 있는 치바우 문화센터는 렌조 피아노의 생각을 잘 반영한 놀라운 건축물이다. 렌조 피아노는 남태평양 원주민들의 전통적인 나무집 '까즈'를 그대로 확장시켰다.

스리랑카의 건축가 제프리 바와는 자연을 훼손하지 않고 밀림 속에 집을 지었다. 그는 강의 수면을 건물의 배경으로 삼아 경계를 지운 수영장을 만든 사람이기도 하다. 강, 하늘, 수영장이 모두 하나로 연결된 느낌을 준다. 지금은 그가 만든 것과 같은 구조의 수영장이 세계 각국의 고급 리조트에 들어가 있다. 그들은 사람이 사는 공간과 바라보는 공간의 이상을 일치시키겠다는 의도와 목표가 분명하게 있었던 건축가들이다. 나는 그런 건축가들이 인간의 삶을 풍부하게 만든다고 생각한다.

개인의 삶이 아니라 공동체의 삶도 건축의 영향을 많이 받는다. 학교, 도서관, 미술관, 광장, 거리의 상가……. 이런 건물들이 어떻게 존재하느냐에 따라 그 공동체의 삶의 풍경이 달라진다. 뛰어난 건축가들이 공공건축에 관심을 갖는 것도 그 때문이다. 개인의 소유를 넘어 사람과 사람이 만나는 공간을 만드는 일은 엄청난 희열을 주기 때문이다. 한 개인, 한 가정을 넘어 한 사회를 통째로 껴안는 건축물을 만든다는 건 얼마나 대단한 일인가. 시대에 종적을 남기는 일이다.

이런 욕망들은 집단적인 욕망이기도 하다. 파리라는 도시의 아름다움은 한두 사람의 노력으로 만들어지지 않았다. 오랜 세월에 걸친 정화

뉴칼레도니아 치바우 문화센터

그곳에서 오래 내려온 삶의 형태를 가만히 들여다볼 때, 새로운 시도의 실마리가 보인다. 뛰어난 건축가들은 단절하지 않고 연결하고, 파괴하지 않고 재생성한다.

와 규제의 불편을 참아낸 결과이기도 하다. 하나의 건축물이 어떤 생명력을 갖느냐는 그 시대의 사람들이 어떤 지향점을 갖고 있느냐에 달려 있다. 그런 점에서 서울이 아름답지 못하다고 생각한다면 그 책임의 상당 부분은 이 도시를 살고 있는 시민에게 있다. 건축은 사람을 담는 그릇이다. 사람들이 어떤 생각을 하느냐에 따라 건축이 달라진다.

건축에 대한 관심을 갖다 보면, '나도 짓고 싶다.'는 생각에 다다른다. 좋은 삶은 좋은 공간을 갖는 것에 달려 있다는 생각에 이르게 되는 것이다. 내가 집을 짓는다면 어떤 집을 지을까. 그런 상상을 해보고 실현하는 과정에서 그 사람이 갖고 있는 가치관, 세계관, 미적 감각이 드러난다.

내가 아는 한 분은 건물의 위용을 강조하기 위해 필요 이상으로 벽을 높게 하고 천장을 높게 지었다. 분명 집의 권위가 돋보였다. 신문과 잡지에도 집이 소개되어 기분도 좋았다. 들뜬 마음은 거기까지였다. 잠시의 만족으로 치르는 대가는 컸다. 살아보니 창문이 없는 집의 채광이 문제가 되었다. 언제나 실내가 컴컴했다. 가뜩이나 외진 곳에 높게 얹어진 집은 곧 암울한 분위기가 되어버렸다. 건축과의 유기적 연결을 위해 욕실의 세면대나 욕조까지 콘크리트 재질로 만드는 바람에 일상이 투박하고 불편했다. 겨울철엔 난방비가 주변 집들보다 몇 배나 나오는 불만을 얘기하며, 집주인은 예술 지향적인 건축가의 무신경에 흥분하곤 했다. 본인의 욕망이 그러했기 때문에 동조했다는 뉘우침이 깔린 불평이었다.

나도 내 손으로 처음부터 끝까지 마무리한 집을 짓고 싶다는 욕망이 있다. 몇 년 전 아버님이 전원생활을 시작했다. 신축 중인 건물을 사들여 거처로 삼았다. 공사 현장에 들러 마무리 단계를 점검했다. 설계는 변경할 수 없었고 자재 또한 건축 비용으로 인해 정해진 것을 써야 했다. 집은 너무 쉽게 지어졌다. 꼼꼼한 마무리는 기대도 하지 못했다. 건축가는 완공 날짜를 지키는 것만이 목표인 듯 했다. 그걸 보고 나니, 내가 집을 짓는다면 엄청난 시간이 걸리겠다는 생각이 들었다.

내가 짓고 싶은 집의 모델은 르 코르뷔지에가 말년에 자신이 살기 위해 지은 집이다. 그 집은 13.22m²(4평)가 안 되는 아주 작은 집이다. 거장의 건축에 대한 철학, 평생의 공력을 담은 설계의 깊이, 이런 걸 운운

할 수도 없을 정도로 평범하고 단순한 모양의 집이다. 나 역시 이런 집을 꿈꾼다. 사는 데 그렇게 큰 집이 필요하지 않다는 걸 알아서다. 다만 지대가 높아서 창문에서 밖의 풍경이 온전히 눈에 들어오는 곳이었으면 좋겠다. 드넓은 자연이 내 안마당이 되는 그런 집을 꿈꾼다. 누군가에게 어떤 집을 꿈꾸는지 물어보라. 대답을 듣다 보면 그 사람이 어떤 사람인지 속속들이 파악할 수 있을 것이다.

6

좋은 건물에서는 데이트가 잘 된다

좋은 작품은 어떤 것이고, 나쁜 작품은 어떤 것일까. 이 질문에 답이 분명하게 나오는 예술이 건축 말고는 별로 없다. 이미지나 멜로디의 세계에서는 '좋고 나쁨'을 잘 묻지 않는다. 그런데 건축에서는 이런 질문이 매우 자연스럽다. 그만큼 어떤 공간이냐에 따라 사람의 삶이 통째로 바뀌기 때문이다. 건축물도 사람과 같은 운명이 있고, 카리스마가 있다. 사람 중에 왠지 쉽게 다가설 수 없는 강렬한 눈빛을 지닌 이들이 있듯이, 범접하기 어려운 건축물이 있다. 반면 덩치만 크고 속은 허술한 사람처럼, 곁에서 보기에는 멋진데 안에 들어가면 빈약한 느낌이 드는 건축물도 있다.

나를 둘러싼 공간이 확장되는 마술, 건축

좋은 건축물은 보고 싶고 거닐고 싶고 머물고 싶다. 건물 안으로 들어오는 햇빛의 경로가 뚜렷하게 눈에 보인다. 내가 마음에 드는 장소를 금방 찾을 수 있고, 그 자리에 앉고 싶어진다. 특정 각도에서 바라볼 때 감탄을 자아내는 풍경이 있다. 건물 곳곳에서 형태의 아름다움을 발견한다. 높이와 두께의 조화로운 비율을 발견한다. 건축물의 외형 속에 숨은 본질을 찾아내고 싶어진다. 그 본질을 구현하고자 했던 어떤 사람의 마음이 궁금해진다. 이 거대한 구조물도 어쩔 수 없이 사람이 만든 것임을 깨닫는다. 그럴 때 느껴지는 뭉클함이 있다.

반면 아무리 봐도 정이 가지 않고 흉물스러운 건축물도 많다. 그런 곳들은 일단 무성의하다. 억지로 지은 곳이다. 사람이 머물기에 불편해 보이는 천장의 높이를 지녔다. 인간공학에 근거한 표준설계의 2.4m를 지키지 않았음은 물론이다. 이런 건물에 낸 창에서 조화와 균형을 기대하긴 어렵다. 틀에 찍어낸 듯한 아파트나 연립주택만 이런 게 아니다. 전원주택의 붐을 타고 수도권에 지어지는 단독주택들을 유심히 들여다보면, 인간의 욕심이 만들어낸 무성의한 조형 감각이 무엇인지 저절로 파악하게 된다.

새로운 공법과 최신 재료로 지었다고 좋은 건축인 것도 아니다. 한때 흰색의 인공수지 마감재로 빌딩의 외벽을 마무리하는 게 유행처럼 번졌었다. 이들 건물은 지어진 지 40년도 되지 않아 마감재가 변색되어 칙칙하고 흉물스럽게 변했다. 긴 시간을 딛고 남은 건물은 세월로 인해 생긴 오염마저 아름답게 느껴지는 게 보통이다. 새로운 재료는 이런 부분까지 미처 챙기지 못했다. 이와 같은 사례를 찾는다면 수 만 채의 건물이 해당될지 모른다. 최근에 들어서는 건물들도 사정은 별로 다르지 않다. 각 지역에 새로 지은 철도 역사들을 보자. 값싼 인공 재료로 마구 만들었다. 그 철도 역사들이 얼마나 긴 세월을 견뎌야 하는지, 과연 생각은 하고 만들었는지 의심스럽다.

세월을 딛고 살아남은 건축물의 재료는 모두 자연에서 얻은 나무, 돌, 흙과 같은 재료로 만들었다는 공통점이 있다. 좋은 건축가일수록 디자인보다 재료에 신경 쓴다. 안타깝게도 모두가 이용하고 오래 사랑해야 하는 공공건물에 좋은 마감재를 쓰는 경우를 보지 못했다. 건축이란 원래 인간의 짧은 삶을 극복하기 위한 수단일 텐데, 인간의 수명보다 짧은 건축물이 마구 지어지는 시대이다. 건축에서 긴 시간을 생각해야 하는 이유는 우리가 새로운 공간에 적응하고 스며드는 데 시간이 걸리기 때문이다.

건축에서 '익숙함'만큼 중요한 요소가 없다. 처음에 유럽의 도시를 돌아보면 모든 것이 신선하고 자극적이다. 그런데 자꾸 보다 보니 점점 이상한 점들이 느껴졌다. 살던 곳에 비해 높은 천장이 주는 휑한 기분, 문틀의 낯선 장식과 너풀거리는 흰색 커튼이 주는 이상한 불안감이 문득문득 올라왔다. 영화에서 본 멋진 이미지들이 정작 현실에서 벌어졌을 때의 어색함과 비슷했다. 신선하긴 하나 감정이 정착되지 않는 것이다. 그 불안감은 몇 년 동안 유럽을 드나들고 나서야 극복되었다. 공간의 특징이 사람의 마음속에 안착되는 시간이 필요함을 실감했다.

나를 둘러싼 공간이 확장되는 마술, 건축

오래된 낡은 골목이나 허름한 공간을 싫어하는 이들도 많다. 하지만 낡고 허름해도 한 사회가 익숙하게 경험해온 건축물이나 공간이 주는 고유의 미감이 있다. 시간을 이겨낸 힘이 있다. 그것이 낡았다고 다 때려 부수고 새롭게 지은 것이 더 낫기란 정말 힘든 일이다. 익숙함의 가치를 이겨내는 새로움이 등장하기란 쉽지 않다. 이를 위해서는 짓는 이의 철학과 내공이 필요하다.

친구 중에 중식당 '마오'를 운영하는 이가 있다. 그의 식당은 매력적인 실내장식으로 이름 높다. 디자인에 대한 관심 하나만으로 직접 설계한 매장이다. 그는 그 자리에 꼭 있어야 할 것 같은 물건을 찾기로 했다. 값비싼 장식이어도 어디서나 볼 수 있는 것은 들이지 않았다. 물건의 오리지널리티만 고집했다. 매장의 벽지는 명도와 채도를 낮춘 차분한 것으로 썼다. 건물 외벽의 장식은 수수하나 독특했다. 오래되어 세월의 흔적이 물씬한 함석 슬레이트를 지붕 재료로 썼다. 어릴 적 함석지붕에 내리던 빗소리의 기억을 되살리고 싶었다는 게 이유였다. 검소하나 누추하지 않고, 익숙하나 개성 있는 공간은 사람들의 주목을 끌었다. 화려함이 아니라 편안함으로 사람들을 끌어당겼다. 맛에 대한 평가도 좋았다. 의도와 결과가 일치된 좋은 건물의 인상은 음식의 맛마저 좋게 느껴지게 하는 모양이다.

경복궁 영추문 건너편에 아름지기 재단 건물이 있다. 아무런 장식도 없는 간결한 형태의 건물이다. 겉에서 볼 때는 마치 박스를 놓아둔 것 같다. 건물로 들어가 위층으로 올라가면 한옥 한 채가 나온다. 집 안에

아름지기 재단 건물의 한옥 내부

좋은 공간은 사람을 특별하게 대우한다. 위압적이지 않고 품어준다. 그 감정을 느끼려고 사람들은 공간을 가꾸고, 건축물에 공을 들인다.

집이 있는 모양이다. 현대적인 사각 건물이 곡선의 처마가 있는 고전적인 건물을 품고 있다. 여기에서 중요한 건 작은 한옥 한 채가 뿜어내는 존재감이다. 그 존재감이 얼마나 강렬한지 마치 건물 전체가 한옥을 짓기 위한 기단 역할을 하고 있다는 느낌이 든다.

한옥 특유의 색깔이 안정감과 편안함을 주고, 기와와 추녀로 이어지는 곡선의 너울거림이 각진 도시의 단조로움을 한 방에 날려버리는 듯하다. 콘크리트와 목재의 대비는 선명하다. 현대적인 미와 고전적인 미가 만나 통쾌하고 시원한 느낌이 든다. 서울 시내 한복판에 있는 경복궁에 가서 앉아 있으면 비슷한 느낌을 받는다. 경복궁 주변으로 광화문의 고층 빌딩들이 즐비하지만, 경복궁 하나가 산업화된 서울이라는 도시를 통째로 지우고도 남을 만한 시원함을 준다. 아름지기 재단의 한옥도 그렇다. 이 한옥은 오래되고 역사적인 건물은 아니지만, 오늘날에도 옛것을 공들여 지으면, 얼마든지 존재감 넘치는 새로운 건축의 방향을 열어갈 수 있다는 것을 보여준다.

서울 성수대교를 건너 신사동으로 가다 보면 큰길에 인상적인 건물이 하나 있다. 이 건물 앞을 지날 때마다 건축주와 건축가가 의기투합해 대단한 걸 만들어냈다는 생각이 든다. 건물을 돌로 마감할 때 보통 얇고 매끈매끈한 화강암판을 붙인다. 그런 건물을 보면 마치 대형마트에 놓인 특가 기획상품 같다. 매끈해 보이긴 하는데 오래가지 못할 것 같은 느낌이랄까. 이런 느낌이 드는 건 표면을 가공하면서 돌이 원래 갖고 있는 두께, 무게, 질감이 사라졌기 때문이다. 돌이 주는 고유의 단단한 느낌이 다 사라진 것이다. 그런데 이 건물은 편마암을 얇게 켜 퇴적층처럼 쌓아서 건물 전체를 마감했다. 돌이 돌다웠다. 시시각각 변하는 빛에 따라 돌의 느낌이 바뀌고, 건물이 주는 느낌도 묵직하면서 아름다웠다.

아마 '기왕 짓는 거 제대로 해보자.'고 생각한 건축가들이 건축주를 설득했을 것이다. 이 건물이 세월에 의해 쌓인 퇴적층의 효과를 내기 위해 들인 노력, 시간, 비용이 얼마나 될지 떠올려봤다. 이 건축주는 번지르르한 건물을 빨리 지어 임대료를 받으려는 사람은 아닐 것 같다. 자신은 죽고 사라져도 자신이 지은 건물은 남는다. 그 영속성을 지키려는 마음이 느껴졌다. 아직 이 건물의 내부에는 들어가보지 않았지만 들어가보지 않아도 알 것 같다. 외형에 걸맞은 기품과 격조로 마무리되었을 것이다. 들어가는 순간 안정감이 나를 감쌀 것 같다.

데이트는 이런 데서 해야 한다. 좋은 건축물이 내뿜는 에너지를 함께 느끼면, 그 관계가 좋아지지 않을 수 없다. 핫 플레이스라고 불리는 곳들은 재미는 넘칠지 모르지만 깊이는 떨어진다. 그런 장소에서 신나게 놀아야 할 때도 있지만, 깊이를 가진 장소에 우리 자신을 놓아야 할 때도 있다. 우리가 마음을 다스리고 싶을 때 굳이 절이나 성당에 가는 것도 그 이유다. 좋은 건축은 생각이 고이고 좋은 감정이 생기게 한다.

사람을 생각하며 공들여 지은 건축물 안에 들어가면 환대받는 느낌이 든다. 낯선 공간인데도 귀한 손님으로 초대받은 기분이다. 기이하기로 이름난 가우디의 건축도 그 밑바탕에는 환대의 정신이 있다. 특이하고 낯선 것 이상으로 그 공들임 정도가 지극하다. 내가 특별한 사람이 된 기분이 든다. 그 느낌 때문에 수많은 이들이 바르셀로나를 찾는 것이다.

특별한 공간에 누군가와 함께 들어간다면, 그 누군가도 특별하게 여겨질 게 분명하다. 아름다운 공간으로 나를 끌고 가는 사람은 나를 아름답게 여기고 있다는 느낌을 준다. 그러니 사랑하는 이와 함께할 때 좋은 건물을 선택하는 것만큼 효과가 좋은 일도 없다. 우리는 항상 어떤 공간 안에 놓여 있고, 어떤 건축물 안에 살고 있다. 건축에 관심을 가지고 민감해진다는 것은, 자신이 놓여 있는 조건과 맥락에 관심이 높아진다는 것이다. 자기 자신에 대한 관심, 자신과 함께하는 사람들에 대

한 관심, 자신이 살고 있는 시대와 사회에 대한 관심이 높아지는 일이
바로 건축이다.

Part 5

인생에서 정말 중요한 것에 주목하는 힘, 사진

평생 삶의 결정적 순간을 찍으려 발버둥쳤으나

삶의 모든 순간이 결정적인 순간이었다.

앙리 카르티에 브레송

1

가장 손에 쉽게 잡을 수 있는 행복의 기술

그는 죽음의 문턱에서 돌아온 다음이었다. 누구보다 열정적으로 쉬지 않고 일했던 그가 어느 날 암에 걸렸다. 생사를 확신할 수 없게 되자, 지난 삶을 돌아보게 되었다. 다행히 기적적으로 완치되었다. 다시 태어난 기분이었다. 그러고 나니 이전과 똑같이 살고 싶지 않았다. 새롭게 살아야 할 것 같은데 그렇다고 뭘 해야 할지도 모르는 상태가 계속되었다. 그의 방황을 지켜보던 아내가 취미를 가져보라며 강제로 내 사진 강좌에 등록을 시켰다. 타의에 의해 처음으로 문화적인 것을 배우게 된 충격은 컸다. 사진 자체에 대한 충격보다는, 자신과 다른 종류의 사람들을 만난 것에 대한 충격이 더 컸다. 명문 학교를 나와 승승장구하는 인생을 살았던 그로서는 별세계였다.

　사진을 찍는 이들 사이에서는 나이, 성별, 직업은 물론 사회적 지위와 경제적 여건도 아무런 역할을 하지 못했다. 별 가진 거 없이 살면서도 자기만의 사진을 찍는 이들이 가지는 높은 자부심에 놀란다. 자신이 그동안 '무용無用'하다고 생각했던 일이 얼마나 사람의 가슴을 뛰게 하는지를 목격한 것이다.

　본격적인 사진의 세계로 들어가게 된 데는 그가 처한 상황도 한몫했다. 암 환자는 방사선 치료를 계속 받아야 한다. 잘못하면 주변 사람들을 피폭시킬 우려가 있다. 식구들에게 혹시 해가 될지 모른다는 생각에 목적 없는 여행을 하며 시간을 죽여보기로 했다. 차를 몰고 전국을 돌아다녔다. 이때 비로소 강좌에서 배운 사진의 필요성에 공감하게 된다. 죽다 살아난 이의 추진력에는 일말의 주저함이 없었다. 눈에 보이는 대로 찍기 시작했다. 그렇게 사진에 빠졌다. 밤새 차를 달려 도착한 창원에서 새벽 사진을 찍고, 잠시 눈을 붙인 후 서울에 올라와 회사 일을 했다. 가끔 나의 평가를 듣겠다며 찍은 사진을 들고 왔다. 냉혹할 만큼 솔직하게 말해줬다. 나이 먹은 이들의 관성과 고집은 쉽게 꺾어지는 게 아닌 데다, 이제까지 자신만만하게 살아온 사람이니 돌려 말해서는 소용이 없을 거라는 판단 때문이었다. 그의 표정을 보면 불편한 기색이 역력했다. 살아오면서 들어보지 못한 혹평이었을 것이다. 모든 걸 완벽하게 잘해야 한다는 특유의 자존심에 상처를 받았을지도 모른다. 이런 과정이 반복되었다. 찾아올 때마다 구태의연함을 벗어버려야 한다는 주문을 꼭 했다. 남이 해놓은 걸 베끼지 말라는 주문도 잊지 않았다.

2년 후 그가 찾아왔다. 우리가 만나지 못했던 그 시간 동안 그는 내가 부탁한 주문을 묵묵히 실행했다. 전국을 돌며 뻔한 사진이 되지 않기 위해 찍고 또 찍었다. 사진을 찍다 보니 세상과 사물을 촘촘하게 보게 되었다. 그가 두툼한 가방에 든 사진을 꺼내 보여주었다. 깜짝 놀랐다. 그의 사진은 확연히 달라져 있었다. 감탄하는 내 앞에 그는 '그럴 줄 알았다.'는 표정으로 앉아 있었다. 사진전을 열어도 되겠냐고 물었다. 당연했다. 그가 찍은 사진은 간결했고 무엇을 말하고 싶은지 명확했다. 구도도 색채도 훌륭했다.

전시회는 성공적이었다. 그는 거기서 그치지 않았다. 대학의 사진 전문 과정을 이수했다. 유명 사진가를 찾아가 사사하기에 이른다. 잠시도 머물러 있지 않는 성격의 그는 새로운 경지를 열어갔다. 전통 한지에 사진을 인화하는 매력에 빠진다. 종이 장인을 찾아 원하는 결의 종이를 입수하고 자신이 직접 프린트하는 작업을 펼쳤다. 4년 동안 전국의 절집을 찾아다니며 찍고 이를 한지에 프린트했다. 그가 바로 우리 종이에 우리 절집의 아름다움을 담는 놀라운 작업을 보여준 윤길중 작가다. 이제 그는 시드니에서 열리는 국제 이미지 비엔날레에 초대작가로 초청되는 한국의 중요한 사진작가가 되었다.

윤길중 작가만이 아니다. 나는 아름다움을 파악하는 힘이 생기면 인생이 달라진다는 진리에 대한 놀라운 증거를 여기저기서 목격해왔다.

한지에 프린트한 윤길중의 절집 사진

남들이 보지 않는 것을 찍는 일. 남들이 본 것을 다르게 찍는 일. 다르게 찍은 것을 특별하게 보여주는 일. 사진은 쉬운만큼 갈증이 크고, 차별화도 어려운 예술이다.

내가 10여 년 동안 해왔던 사진 강좌의 수강생들 중에는 그런 증인들이 숱하게 있다. 나는 썩 잘 가르치는 선생이 아니다. 멋진 사진을 찍을 수 있는 특별한 기술을 배우고 싶어 찾아온 사람들에게 '자기 것을 찾으라.'는 애매한 주문을 하는 선생이다. 하지만 이런 심심한 강좌를 들은 이들 중에 윤길중 작가처럼 늦깎이로 유명한 사진작가가 된 사람이 무려 셋이나 있다. 사진을 전공한 이들도 아닌데도, 훌륭한 작가가 되었다. 스스로 목이 말라야 자기 것을 찾는 법이다.

아름다움을 추구하는 여러 방법이 있고, 각자의 방법으로 행복해질 수 있다는 것을 깨닫게 해주는 게 예술의 힘이다. 그런 점에서 사진은 오늘날 가장 손에 쉽게 잡을 수 있는 행복의 기술이다. 바라보기만 하

움베르토 보초니, 〈공간에서의 독특한 형태의 연속성〉

사람의 눈으로 포착할 수 없는 움직임을 재현하고 싶은 욕망은 미술의 커다란 목표였다. 이를 미래주의를 대표하는 이탈리아 조각가 움베르토 보초니의 작품을 통해서도 느낄 수 있다. 그의 조각에는 디테일이 없다. 달리고 있는 존재이기 때문이다. 그는 시간, 공간, 움직임을 모두 아우르는 새로운 조각 개념을 실현시키는 데 성공했다. 사진은 그 욕망을 너무나 손쉽게 만족시켜 주었다.

는 수용자에 머물지 않고 내 손으로 얼마든지 시도할 수 있는 현대인의 예술이다. 단지, 사진의 세계가 짓궂은 점은 쉽게 들어갈 수는 있지만 '자기만의 이미지'를 찾는 일은 쉽지 않다는 것이다. 들어올 때는 마음대로나, 나갈 때는 마음대로 안 되는 영역이다.

사진은 감상의 대상이 아니라 행위의 대상이다. 카메라 성능이 스마트폰의 구입 기준이 된 지도 오래다. 값비싼 전문가용 사진기를 가진 일반인들도 숱하게 많다. 어느 바닷가에서 한 초등학생이 DSLR 카메라를 들고 있기에 누구 것이냐고 물었더니, 자기 것이라는 답을 들은 게 10여 년도 훌쩍 넘은 일이다. 사진으로 먹고사는 사진가에게 누구나 사진작가가 될 수 있는 세상이 좋을까 나쁠까. 결론을 말하자면 '즐겹다'. 2002년에 펴낸 『잘 찍은 사진 한 장』이라는 책은 일반인 사진작가 시대가 열린 것에 대한 환영사이기도 했다. 스마트폰이 나오기 한참 전, 디지털카메라로 사진 예술의 대중화 시대는 이미·열리고 있었다.

생각해보면 사진도 처음에는 사람들에게 회화처럼 관람의 대상이었을 것이다. 사진술이 세상에 처음 나왔을 때 사람들은 '그리지 않고 그림이 만들어진다.'고 생각하며 놀랐다. 이 점이 매우 중요하다. 인류의 역사에서 그림은 기본적으로 '재현'에 목적이 있었다. 인간의 손으로 세상을 멋지게 형상화하고, 영원히 간직하고자 하는 재현의 욕망은 인류의 DNA 속에 흘러왔다. 회화는 그런 욕망의 산물이었다.

그런데 이제 인간의 노력이 허망하게도 렌즈가 달린 작은 나무상자보다 못하다는 걸 인정해야 했다. 사진은 섬세하고 정확하며, 순식간에 완전한 원근법의 풍경을 만들어냈다. 렌즈의 묘사력은 대단했다. 사람들은 눈으로 미처 보지 못했던 부분까지 담겨 있는 디테일에 놀라게 된다.

1839년 루이 다게르Louis Daguerre에 의해 기초 사진술이 발명되기 이전부터 렌즈의 성능은 꽤 쓸 만했다. 독일 동부 지역에 위치한 예나는 중세 이후 유리 세공과 렌즈 제조로 유명한 곳이다. 세계적인 광학 회사 칼 자이스는 예나의 한 공방에서 시작했다. 예나의 광학박물관에서 칼 자이스 렌즈의 성능을 직접 확인할 수 있었다. 200여 년 전에 만들어진 고물 렌즈를 단 망원경은 10m 앞에 놓인 1cm도 되지 않는 깃털의 하늘거리는 솜털까지 선명하게 보여주었다. 내 눈으로 직접 보지 않았다면 옛날 렌즈란 그저 그런 수준이라며 근거 없이 폄하했을 것이다. 이런 렌즈를 단 카메라가 만들어낸 해상도 높은 사진이라면 누가 봐도 놀랐을 게 분명하다. 파리에서 1840년대에 찍은 다게레오타입 daguerreotype 방식의 유리 원판 사진을 보았다. 독일제 렌즈를 단 카메라로 찍은 인물 사진은 색이 바래긴 했지만 얼굴의 질감과 피부 톤의 섬세함까지 담아내고 있었다.

사람들은 자신의 맨눈으로 보는 일상의 사물에는 관심이 없다. 그러나 실물과 놀랄 만큼 똑같이 그린 그림을 보면 감탄한다. '정말 대단하네!' 사진은 사람들이 그림에 걸었던 그 놀라움의 기대를 한 방에 잠재워 버렸다. 그리고 그 이상을 넘어섰다. 눈으로는 보이지 않던 사물의 세밀한 모습, 순식간에 스쳐 지나가던 움직이는 모습을 한순간에 잡아냈다. 내가 보는 세상이 전부가 아니라는 증거를 얻게 된 것이다.

그런 점에서 나는 사람들의 눈길이 닿지 않는 것을 잡아내려고 애쓴 사진, 세상의 허무함과 삶의 쓸쓸함을 드러내려는 사진을 보면, 우리가 보는 세상이 전부가 아니라는 의문을 제기하는 게 사진의 본연적 역할이 아닐까 하는 생각이 든다.

쉬운 만큼 갈증은 크다

초창기 사진은 예술적 표현의 도구로 시작된 것은 아니었다. 사라져버리는 상象을 고정해 화가나 영사업자들에게 팔면 돈을 벌 수 있을지 모른다는 기대에서 탄생한 발명품이었다. 최초의 사진술을 발명한 사람으로 공인받은 다게르는 필름을 영사해 움직이는 이미지를 보여주는 디오라마 극장을 운영했다. 시민계급의 성장과 함께 초상화에 대한 수요가 늘었던 시대 배경도 사진술 발전의 한 동인이다. 사진술은 새로운 사업 아이템이었던 것이다. 의미는 훗날 매겨지게 마련이다. 점차 사진은 원래의 목적을 넘어 이전에 없던 인간의 시각 혁명을 이끌게 된다.

인생에서 정말 중요한 것에 주목하는 힘, 사진

렌즈의 높은 해상력은 미처 보지 못한 세계의 기대와 호기심을 불러일으켰다. 진짜보다 더 진짜 같은 재현이 가능하게 된 것이다. 또한 사진은 프레임 단위로 세상을 잘라내, 역설적으로 연속된 세상을 표현할 수 있게 했다. 마치 88개의 피아노 건반으로 음악이란 영역을 모두 커버하듯이 말이다. 이렇게 사진은 세상을 보는 방식을 바꾸었다. 사람이 평소 보던 것과 달리 기계의 눈인 렌즈는 세상을 다르게 묘사할 가능성이 컸다. 카메라의 눈이기에 가능한 과감한 클로즈업, 부분을 잘라내는 일, 위에서 내려다보거나 아래에서 올려다보는 극단의 시선 등이 가능해졌다. 사진의 역사를 살펴보면, 그 변화의 과정은 바로 시선의 확장이다. 그림이 보여주지 못하는 과감하고 신선한 시선을 보여주는 것이 사진의 미학이다.

또 하나 사진의 미학은 수정하거나 바꿀 수 없는 것에 있다. 오늘날 포토샵을 비롯한 이미지 보정 기능이 사진의 세계에 깊숙이 들어와 있지만, 그럼에도 불구하고 셔터를 누르는 순간 선택한 내용은 되돌릴 수도 수정할 수도 없다. 아주 짧은 선택으로 만들어진 이미지는 사람의 의지와 판단이 끼어들지 못하는 냉정하고 결연한 감동을 준다. 순간으로 이루어진 이미지인 사진은 그 감흥 또한 직관적이다. 사진전에 가보면 알 수 있다. 보면 바로 이해할 수 있는 메시지가 사진의 특징이다. 빠른 속도로 스쳐 가는 현실의 단면을 고정시키는 사진의 특성은 강렬하다. 봤으나 미처 보지 못한 디테일의 확인과 사물이 감추고 있던 의미의 발견에 놀라게 된다.

사진을 잘 찍는 이들은 순발력이 뛰어나다는 특징이 있다. 상황 파악이 빠르고 민첩하다. 눈썰미가 좋아 될 만한 사진과 아닌 사진을 순간적으로 알아차린다. 셔터를 누르는 손가락의 마무리가 깔끔하다. 주저함이 없다는 뜻이다. 사진 잘 찍는 이들 치고 빠릿빠릿하지 않은 이가 없다. 셔터를 빠르게 누르는 게 비법이라면 우습게 여겨질지도 모른다. 그렇지 않다. 감성을 이끌어내는 재료가 '보는 것'이라면, 셔터를 누르는 손가락이 작업의 내용이 된다. 아무리 번뜩이는 생각도 머릿속에 머물러 있으면 소용이 없다. 마음, 생각, 눈의 선택이 몸의 행동과 결합해 고정되는 게 사진이다.

초기 사진은 지금의 필름에 해당되는 재료로 유리 건판을 쓰거나 종이 네거티브 방식으로 만들어졌다. 사진 원판이 곧 사진으로 쓰였다. 다게레오타입의 경우 4×5인치에 불과했으니 엽서만 한 크기의 사진에 만족해야 했다. 종이 원판을 쓰는 칼로타입 calotype은 그보다 약간 크긴 했지만 최대치가 A4용지와 비슷한 크기였다. 이후 여러 종류의 카메라가 나오고 사진의 크기가 계속 커지긴 했지만, 확대 기술이 자리 잡을 때까지 대형 사이즈의 사진을 만들 수 없었다. 1950년대 이전의 사진들은 하나같이 A4용지 크기에도 미치지 못했다. 사진은 처음엔 크기의 문제 때문에 감상용으로 활용되지 못했다. 익숙하게 보던 그림의 크기에 견주어보면, 사진을 미술관에서 전시한다는 건 무리였을 것이다.

초기 사진은 초상이 주를 이뤘다. 사람들은 자신의 사진을 찍어 작은 액자에 넣어 보거나 명함판 크기의 사진을 지니고 다녔다. 사진술이 발명된 지 채 몇 년 되지 않아 뉴욕에서는 일반인들을 찍어주는 사진관이 생겨나기 시작했다. 영국의 사진가 줄리아 마가렛 카메론처럼 특유의 예술성으로 큰 관심을 받는 초상 사진작가들이 생겨났다. 이후 사진은 책으로 엮이거나 매체에 쓰이는 등 점차 적극적으로 활용되기 시작한다.

본격적인 사진의 시대는 미국의 몫이었다. 유럽의 보수적인 분위기는 갓 태어난 사진에 이래저래 눈치를 줬다. 과거의 유산에 빚지지 않은 미국은 온갖 사진적 실험을 했고 거대한 산업으로 발전하여 사진업의 성장을 이끌었다. 회화의 아류쯤으로 취급되던 사진이 독자적 목소리를 내게 된 시점은 생각보다 빨랐다. 아방가르드(전위주의)를 추구하던 지식인 그룹에서 만 레이, 나즐로 모홀리 나기 같은 이들이 사진의 독자적 영역을 개척해나갔다. 카르티에 브레송 같은 사진계의 스타가 등장하면서 사진 양식이 예술이 될 수 있음을 증명했다. 사진전이 그 역할을 맡게 된다. 미술품과 똑같은 방식으로 대중과 만나 소통하기 시작한다. 이후 사진은 강력한 힘으로 미술관에 진입하게 된다. 전 세계 미술관에서 사진전이 열리는 시대가 되었다.

이 모든 것이 불과 100여 년 만에 벌어졌다. 이제 현대 예술에 던져지는 질문은 어떻게 그리느냐에서 무엇을 선택하느냐로 옮겨 갔다. 최초의 사진이라 공인된 조제프 니세포어 니엡스Joseph Nicéphore Niépce는 2층에 있던 작업실에서 건너편 집을 찍었다. 자신이 서 있던 그 자리에서 실험을 위한 선택을 했던 것이다. 이후 사진 개척자들의 사진을 살펴보면 '무엇을 찍을까?' 고민했던 점들이 느껴진다. 초창기에는 기술적 미비로

앙리 카르티에 브레송의 풍경 사진

초기 사진은 마치 그림처럼 안정된 구도를 구현하려 노력했다. 사진만이 할 수 있는 과감한 구도와 시선 처리로 옮겨 가는 데는 오랜 시간이 걸렸다.

빠르게 움직이는 사물은 생각지도 못했다. 고정되어 있는 로마 시대 조각상, 건물, 자연 풍경과 같은 것들이 주로 찍혀 있다.

초기 사진을 보면 회화의 느낌이 물씬 풍긴다. 안정된 구도와 시각적 효과를 드러내는 게 주요 목적이다. 회화를 통해 보던 세상과 똑같은 모습이다. 오랫동안 이어져 내려온 인간의 습속과 방식이 쉽게 바뀔 리 없다. 이렇게 사진은 어리둥절한 상태로 처음을 맞았다. 사진만의 특기와 장점을 파악해 새로운 접근이 이루어진 것은 꽤 많은 시간을 허비한 뒤였다.

사진은 출발부터 보는 일보다는 찍는 일에 더 많은 관심을 두었던 게 맞다. 카메라는 시작부터 대중이 쓸 수 있는 도구로 자리 잡았다. 화학

The Kodak Camera

*"You press the button,
we do the rest."*

OR YOU CAN DO IT YOURSELF.

The only camera that anybody
can use without instructions. As
convenient to carry as an ordinary
field glass World-wide success.

The Kodak is for sale by all Photo stock dealers.
Send for the Primer, free.

The Eastman Dry Plate & Film Co.

Price, $25.00   Loaded for 100 Pictures.   ROCHESTER, N. Y.
Re-loading, $2.00.

1888년 코닥의 광고

코닥은 필름을 다 쓴 사진기를 통째로 보내주면 현상해서, 새 필름을 끼워서 보내주는 사업으로 큰 인기를 끌었다. 사진은 처음부터 전문가가 아닌 일반인을 위한 예술이었다.

약품을 다뤄야 하는 사진 현상의 까다로움이 있었지만 개인이 감당하지 못할 정도는 아니었다. 미국의 코닥사는 더욱 간편하게 사진을 찍을 수 있도록 필름 100장이 든 카메라를 팔고, 사용자가 다 찍은 카메라를 본사로 보내면 현상해, 완성된 사진과 새 필름을 장전해 보내주는 서비스로 쏠쏠한 재미를 보았다. '셔터만 누르십시오, 나머지는 우리가 맡겠습니다You press the button, we do the rest'라는 코닥의 광고는 사진이 누구를 위한 어떤 예술인지를 알려준다. 눈에 보이는 것을 이미지로 바꾸어 개인이 쉽게 소유하게 해주는 새로운 기계의 매력은 엄청난 속도로 퍼졌다. 찍는 재미가 곧 사진의 본질이라 여기게 된 것은 순식간의 일이다.

오늘날 누구나 스마트폰이 있다. 스마트폰 사진의 질은 너무 좋다.

웬만큼 공들이지 않은 바에야 사진기로 찍은 사진과 스마트폰 사진의 큰 차이를 느끼지 못한다. 일상에서 필요한 재현의 퀄리티는 더 이상 요구할 게 없을 정도다. 전문가와 비전문가의 경계도 모호해졌다. 모두가 수준 높은 재현의 도구를 지니게 된 셈이다. 당연히 화질이 아니라 차별적 내용과 메시지가 부각되는 사진으로 관심이 옮아간다.

이렇게 쉬운 사진 찍기를 경험한 사람들이 의문을 품게 됐다. 똑같은 카메라로 같은 장소를 찍어도 찍는 이에 따라 결과가 달라진다는 점이다. 기술의 영역일 것 같은 사진이 예술이 되는 출발점이 바로 이 의문이다. 한 번쯤 그런 생각을 해봤을 것이다. 똑같은 스마트폰으로 똑같은 대상을 찍는데, 누구는 왜 전혀 다른 이미지를 만들어낼까. 놓여 있는 조건은 같은데 만들어낸 '무엇'이 달라지는 건 사진이나 미술이나 같다. 기계를 사용한다 해도 나오는 결과물은 한 인간이 세상을 대하는 태도와 생각에 더 크게 좌우되기 때문이다.

이 지점에서 왜 우리가 사진을 예술로 받아들이는지 이해할 수 있다. 기계가 아닌 인간의 창조성이 작용하는 영역이기 때문이다. 하지만 사진이 탄생했을 때, 유일무이한 원본의 아우라를 무기 삼던 미술과 사진의 갈등을 생각해보면 사진을 예술로 받아들이는 게 처음부터 쉬운 일은 아니었다. 복제가 가능한 새로운 영역을 예술로 취급해야 하는지의 혼란은 당연하다. 지금 우리가 접하는 사진 변형 프로그램을 예술로 받아들일지를 고민하는 것처럼 말이다.

3

똑같은 것을 얼마나 '다르게'

몇 년 전 네이버에서 진행한 '오늘의 사진'이라는 코너의 심사위원을 맡았었다. 수많은 네티즌들이 자신이 찍은 사진을 보내오면, 그중 딱 하나를 '오늘의 사진'으로 선정했다. 이 코너의 열기는 매우 뜨거웠다. 그러나 사람의 일상이 다 비슷비슷한 법. 봄날이면 꽃 사진이, 가을이면 낙엽 사진이 우수수 올라왔다. 여름 휴가철이면 바다 풍경으로 도배가 되곤 했다. '나도 바다 사진을 보냈는데, 왜 내 것이 아니라, 저 사람 것이 선정되었냐.'는 항의의 목소리가 항상 머리 위에 떠 있는 것 같았다.

사진을 선정하고 나면 그 이유를 써야 했는데, 나는 이 선정 이유 쓰는 일을 좋아했다. 처음에는 간단했던 심사평이 점점 길어졌다. 사진이 선정된 이들도, 선정되지 않은 이들도 심사평 읽는 재미를 알려오곤 했다. 심사평을 쓰면서 가장 많이 사용한 말은 '같은 사물, 다른 느낌'이었다. 같은 걸 찍어도 다르게 느껴지는 사진에 마음이 끌렸던 것이다. '다르게 느껴진다.'라는 말에는 두 가지 의미가 있다. 하나는 새로운 형식이나 구도를 보여준다는 것이고, 다른 하나는 색다른 감정이 느껴진다는 것이다. 전자의 새로운 형태를 발견하는 건 상대적으로 쉬운 일이다. 그러나 보는 이에게 남다른 감흥을 불러일으키는 건 좀처럼 쉽지 않다. 그런 만큼 성공하면 강렬하다.

만약 사진전에 가서 별다른 감흥을 느끼지 못했다면 익숙한 이미지로 느꼈을 확률이 높다. 사진에서 차별성을 드러내기란 정말 쉽지 않은 일이다. 만약 당신이 동일한 주제나 장소를 지정하여 벌어지는 사진 공모전에 참여하게 된 사진가라고 생각해보라. 그럴 때의 심정을 생각해보면, 남다른 사진을 찍는 어려움을 어렴풋이 짐작할 수 있을 것이다.

그 어려움을 극복하는 첫걸음은 '반복을 피하는 것'이다. 사진을 잘 찍는 방법을 하나만 꼽으라면 뻔한 것을 반복하지 말아야 한다. 지금까지 해왔으며, 익숙해져 당연하다고 여겨지는 내용을 되풀이하는 사진은 의미가 없다. 이를테면 구태여 찍지 않아도 되는 풍경 사진 같은 것이다. 그런데 안 좋은 사진이 나올 줄 알면서도 그렇게 찍고 있다. 왜 그렇게 될까. 이유는 내가 무엇을 보고 있는지, 무엇을 드러낼 것인지 자신이 정확하게 모르기 때문이다. 사진은 순식간에 찍긴 하지만, 우연히 찍는 이미지가 아니다. 찍는 이의 의도가 있어야 나오는 결과물이다.

잘된 것을 흉내 내는 일도 나쁘다. 소재와 방식을 베껴서 그럴싸한 결과가 얻어졌다 하더라도 그때뿐이다. 그로부터 한 걸음도 나아가기 어렵다. 강원도 삼척에 있는 솔섬은 사진작가들의 명소로 이름났다. 수많은 이들이 이 솔섬을 아무리 아름답게 찍어도, 결국 이 섬의 아름다움은 이 섬을 유명하게 만든 최초의 사진가에게 돌아가기 마련이다.

하찮아 보이고 유명하지 않아도 제 눈으로 찾아낸 아름다움, 그리고 작가의 관점이 분명한 사진이 좋은 사진이다. 좋은 사진은 공감을 애써 구걸하지 않아도 된다. SNS에 사진을 올려보면 알 수 있다. 화려한 접시에 깔끔하게 플레이팅된 음식 사진은 어디에나 있다. 내가 대단한 장소에 있다는 걸 드러내려고 찍은 사진에 달리는 '좋아요'의 수는 한계가 있다. 반면 연탄 화덕 위 석쇠에서 지글거리는 고등어구이의 냄새가 연상되는 진솔한 사진을 올리면 '좋아요'의 숫자는 올라간다. 저녁 무렵 골목길 백반집에서 굽는 고등어 냄새가 나의 감정을 자극했다. 이 사진은 추억의 감정을 꼭 포착하고 싶다는 목적이 있다. 사진을 찍은 이가 느낀 감정은 사진을 보는 이에게 전달된다. 모두가 알고 있는 기억의 진솔함이 이끌어낸 공감의 숫자다.

자기감정과 자기 관점에 충실한 사진일수록 공감이 크다. 사진이 보여주는 이미지는 대부분 이미 우리가 알고 있는 현실 세상이다. 때문에 찍는 이의 내면이 느껴지느냐 아니냐가 결정적인 역할을 한다.

자기감정이 불러일으키는 공감의 힘을 가장 잘 보여주는 것이 바로 일본 영화이다. 일본 영화의 매력은 익숙한 일상에서 개인이 겪는 내면의 감정 기복을 섬세하게 드러내는 데 있다. 그래서 아주 사적이고 별거 아닌 이야기를 했을 뿐인데도 관객은 강한 동질감을 느끼고, 거기에서 위안과 치유를 받는다.

　좋은 사진도 마찬가지다. 자기만의 관심에 골몰하는 게 필요하다. 자기만의 감정을 솔직하게 드러내야 한다. 여기에 흐트러지지 않는 하나의 메시지가 필요하다. 메시지가 여러 가지면 안 된다. 이 사진은 무엇을 전달하려고 하는 건지, 그걸 분명히 하는 게 좋다. 상대에게 동시에 여러 가지를 전달하는 일은 어렵다. 하나라도 제대로 전달하는 것이 쉽지 않음을 우리는 알고 있다. 그런데 막상 사진을 찍을 때는 이런저런 욕심을 낸다. 그러면 사진이 흐트러진다. 감정의 초점이 안 맞는 것이다.

　남들이 찍은 사진을 보면 별거 아닌 듯한 느낌이 들 때가 있다. 이런 건 나도 찍을 수 있겠다는 말을 많이들 한다. 그만큼 사람들은 사진의 평가에 인색하다. 바꾸어 말하면 사진을 평가하기가 참 어렵다는 말이다. 내 경우에도 나만의 사진을 찍겠다고 덤빈 이유가 '내가 하면 더 잘하겠네.'라는 생각이 출발이었다. 남들이 찍어놓은 사진이 맘에 안 들었다. 내가 하면 더 잘할 수 있을 거란 생각이 들었다. 그러나 잘 되지 않았다. 세상을 보는 방식이 남과 다를 게 없었던 탓이다. 열심히 카메라를 들고 돌아다니는 열정과 시간만으로 메꿔지는 일이 아니었다.

　무엇을 찍을 것인지. 내용과 방향을 정해야 한다. 좋아하는 걸 찍으면 되지 않을까? 문제는 내가 좋아하는 게 무엇인지 정확하게 모른다는 데 있다. 좋아하는 것을 찾아내는 일이 제일 힘들다. 비교의 관점이 있어야 좋고 나쁨이 가려지게 되는데, 비교의 관점이 있으려면 갖고 있는 내용이 풍부해야 한다. 가진 게 별로 없으면 뭐가 좋은지 나쁜지도 알 수 없다. 그럴 때 쉽게 참고할 수 있는 게 과거의 지식이다. 앞서간 작가의 작품을 들여다보면서 나름의 취향과 방향을 결정하게 된다. 모든 예술가들의 첫 출발은 이 지점에서 이루어진다. 이후엔 이것저것 직접 해보며 생각과 결과의 간극을 메워가는 수밖에 없다. 얼마나 '다르게'를 찾아가는 것이다.

4

사진은 시간을 가두는 예술

미치도록 좋아하는 일이 있으면 머리보다 몸이 먼저 움직인다. 눈이 내리는 날, 불현듯 오대산을 떠올렸다. 이유가 없었다. 눈 내리는 산의 모습을 찍고 싶었을 뿐이었다. 이제껏 보지 못한 멋진 장면을 만날 수 있을지 모른다는 막연한 기대가 전부였다. 차를 몰아 무작정 오대산을 향했다. 뉴스는 벌써 폭설의 피해를 전하고 있었다. 서울을 빠져나가기도 전에 두 시간을 길 위에서 보냈다. 눈발이 날리는 영동고속도로는 거대한 주차장이었다. 다섯 시간을 걸려 진부에 도착했다. 한겨울의 낮은 얼마나 짧은지 이미 해가 저물어 사방이 컴컴했다. 오대산까지는 한 시

간을 더 가야 했다. 채 치우지 못한 눈이 수북한 길은 이어져 있을 터였다. 위험한 길이었다. 그래도 가고 싶었다.

북대 상원사를 거쳐 광원리로 가는 길은 이미 폐쇄되어 있었다. 진고개 방향으로 가는 수밖에 없었다. 어느 방향으로 가도 눈이 가득 쌓여 있었다. 차는 눈길에 빠져 오도 가도 못하게 됐다. 차 속에서 밤을 지새웠다. 불편한 자세로 덜덜 떨며 버텼다. 그래도 괜찮았다. '눈 뜨는 순간 멋진 풍경이 펼쳐질 거다.' 이렇게 생각했다. 상상의 기대는 언제나 낙관적이다. 겨울 산속은 추웠다. 차창을 두드리는 윙윙거리는 바람 소리까지 더해졌다. 밀려오는 졸음과 허기를 참았다. 얼마나 지났을까. 드디어 해가 뜨기 시작했다. 카메라와 렌즈를 다시 확인했다. 70~200 줌렌즈가 단단하게 고정되어 있었다.

바깥의 형체가 드러나기 시작하자 연신 셔터를 눌렀다. 눈 덮인 산의 능선은 부드러웠다. 하늘과 산의 경계가 구분되지 않았다. 눈은 불필요한 배경을 지워버리고 오롯이 산의 맨살을 드러냈다. 평소 느끼지 못했던 나무와 숲의 강인한 모습을 보았다. 이틀을 오대산에서 보냈다. 특별한 이유 없이 오대산의 풍경으로 빨려 들어갔다. 부드러운 육산肉山(흙이 많은 산을 사람의 살에 비유해 이르는 말)의 선과 어우러진 빽빽한 활엽수의 밀집도는 특이했다. 이후 눈 내린 오대산 촬영은 매년 습관적으로 이어졌다. 반복해서 같은 일을 하다 보니 비교의 기준이 생겼다. 방향을 달리한 접근, 다른 날씨, 다른 시간대에서 오는 변화를 기대하게 되었다. 보완해야 할 일과 빼야 할 일들이 정리되었다. 더 자주 찾게 되는 특정 장소와 선호하는 시간과 날씨도 생겨났다.

그래서 내가 오대산의 풍경을 새롭게 재발견했을까. 안타깝게도 아직 그러지 못했다. 오랜 세월 오대산을 드나들고, 우연과 필연과 돌발 상황도 많이 겪었지만, 자신 있게 드러낼 사진이 아직 없다. 나름대로 변화가 있었지만 다른 사람들도 찍을 수 있는 수준이라 자평한다. 횟수가 늘어난다고 더 좋은 사진이 얻어지는 것이 아니라는 점을 다시금 깨달았다.

지난해 4월 1일 놀라운 일이 벌어졌다. 봄이 분명한데 거짓말처럼 오대산에 눈이 내렸다. 우연히 산을 넘어가다 마주친 풍경은 황홀했다. 새파란 하늘을 배경으로 눈부시게 빛나는 설산의 대비가 시리도록 아름다웠다. 지난 십수년 동안 드나들었던 어떤 순간도 이에 견줄 수 없었다. 이럴 수가! 지금까지 본 것은 뭐지! 그런데 카메라가 없었다. 평소 차 안에 항상 있던 카메라였는데, 배터리 충전을 위해 잠시 빼놓고 챙기는 걸 잊어버린 것이었다. 카메라만 있었다면 아마 최고의 걸작을 남겼을 게 틀림없는데, 보여줄 수 없으니 안타까울 뿐이다. 마치 대어를 놓친 낚시꾼이 된 것 같은 심정이다.

이런 갈증에 허덕이는 게 사진이다. 진정한 아름다움을 쉽게 가질 수 없다. 지속되지 않는 이미지에 아쉬움을 공감하는 일이다. 나는 아직 오대산 걸작을 남기지 못했지만, 하나 분명한 건 오대산을 찍으러 다니는 동안 매우 행복했다는 것이다. 틀어박혀서 하는 예술이 아니라, 천지를 돌아다녀야 하는 예술은 아마 사진이 유일할 것이다. 내 몸이 어디에 있어야 행복한지 알려주는 예술이다.

내가 만약 2017년 4월 1일 오대산의 특별한 아름다움을 카메라에 담는 데 성공했다면, 그 사진의 의미는 무엇일까. 처음에는 멋진 풍경으로 사람들에게 다가갈 것이다. 만약 그 사진이 후대까지 오래오래 살아남는다면 분명 '수십 년 전 오대산의 신비한 모습'과 같은 기록의 의미로도 남을 것이다. 사진을 기록의 예술이라고 한다. 그 이유는 사진이 시간을 가두는 예술이기 때문이다.

"시간 앞에 서글프지 않은 것은 없다." 사진작가 강운구 선생의 명언이다. 시간을 묻힌 모든 것은 아름답다. 시간은 기억이며 잡을 수 없는 환영이기 때문이다. 살아 있는 것들은 모두 늙는다. 잔인한 시간은 스러져가는 모습을 지켜볼 뿐이다. 한때 벌어진 일들은 시간과 싸우지 못한다. 일일이 흔적을 남기기엔 너무 빨리 스쳐 지나간다.

강운구 선생의 사진을 보면 그가 무엇을 찍고자 했는지 느낄 수 있다. 그는 평생 서글픈 대상을 향해 카메라를 겨눴다. 이제는 되돌릴 수 없을 이 땅의 풍경을 담았다. 대단할 것도 그렇다고 폄하할 것도 없는 이 나라 백성들과 마을은 사각의 프레임에 고정되어 희미한 기억을 환기시킨다. 그렇게 남은 우리나라의 옛 시간은 애달픈 아름다움이 되었다. 그의 사진은 '우리가 이렇게 살던 시절이 있었어.'라는 회한을 그 시절을 겪은 이들이나, 겪지 않은 이들 모두에게 불러일으킨다.

나는 간혹 옛 사진들을 꺼내본다. 사진 속에서 나를 업고 있는 어머니는 검정 고무신을 신었다. 포대기로 허리를 짜맸다. 앳되어도 너무

윤광준, 〈시간의 고정〉

아무리 잘 찍은 사진도 시간이 지나면 낡은 느낌이 든다. 순간적으로 찍은 사진은 시간의 흔적이 강하게 남는다. 사람들이 사진을 통해 붙들고 싶은 것도 시간이다.

앳된 모습의 어머니. 나이를 헤아려보니 채 서른 살도 되지 않았다. 나에게 그 검정 고무신과 포대기의 기억이 있을 리 없다. 앳된 얼굴의 어머니도 마찬가지다. 그런데 그 사진은 나에게 깊은 감흥을 남긴다. 그리고 영원히 잊히지 않는다. 사진은 너무나도 선명한 흔적이기 때문이다. 흔적을 남길 수 있다면 잊히지 않는다. 구석기 시대 사람들이 동굴에 그토록 힘들게 자신들이 사냥한 동물의 모습을 새겨 넣은 이유가 여기에 있다. 흔적은 시간에 맞설 유일한 대응이 된다. 사진은 시간 앞에 스러질 모든 것의 운명에 맞서, 그 모습을 남겨두는 것으로 위안을 주는 예술이다.

그래서 "사진은 거짓말을 하지 않는다."라는 명언이 있는 것이다. 사진은 시간을 통째로 담아두는 재주를 부리기에, 그 순간의 진실이 담겨 있다. 화장 너머의 앳된 얼굴은 감추려 해도 감춰지지 않는다. 아무리 세련되게 차려입었어도, 시간이 지나고 보면 당시의 분위기가 묻어 있다. 연예인들의 몇 년 전 사진을 볼 때의 당혹감도 다르지 않다. 이상하게 촌스럽고 어색하다. 달라진 시대와 흘러간 세월의 변화에 비추어진 이미지이기 때문이다.

찍었을 때의 시간과 볼 때의 시간 격차가 점점 커지면 사진은 또 한 번 변화한다. 시간이 오래되면 사진은 어떤 고유성을 만들어낸다. 한 시대를 대표하는 이미지가 되는 것이다. 명작이 되는 것이다. 거장의 사진이 시간이 흘러도 낡아 보이지 않는 것은 그 시대의 시간성을 압도적으로 대표하기 때문이다.

그러니 사진을 감상하는 좋은 방법 중 하나는 바로 그 사진이 가둔 시간을 생각해보는 것이다. 사진을 찍던 사람이 존재했던 시간, 사진에 찍힌 사물, 인물, 풍경이 존재했던 시간을 상상하는 것이다. 그렇게 그 시간대의 시선을 내 눈에 장착하고 사진을 들여다보면, 안 보이던 것들이 보이고, 새로운 감흥이 올라온다. 오늘의 눈만으로 과거의 것을 판단하는 것은 매우 근시안적이다. 그런 눈으로는 많은 것을 발견해낼 수 없다. 사진이 가두어낸 그 시간 속으로 들어가서, 사진기 밖에 있었던 것들을 상상해보는 것. 그리하여 그 이미지가 붙들어놓은 시공간과 마주하는 것. 그것이 진정으로 사진의 미학을 대하는 태도이다.

5

우연인 것처럼 보이는 치밀한 계산

사진이 순간의 시간을 가두는 선택의 예술이기에 갖게 되는 편견이 있다. 찍는 사람이든 보는 사람이든 사진을 '우연'이라고 대하는 태도가 은연중에 있다. 그러나 분명하게 말할 수 있다. 좋은 사진일수록 많이 생각한 계산의 산물이다. 사진을 '우연'으로 생각하는 태도는 사진을 찍는 데도 감상하는 데도 한계를 만든다.

그림, 조각, 음악, 춤 등 모든 예술에서 사람들은 상대의 의도성을 발견하려고 애쓴다. 반면 사진에서는 그런 의도성을 발견하려는 노력이 상대적으로 적은 편이다. 사진은 단 한 번뿐인 공간과 시간의 동조를 우연처럼 보여준다. 하지만 '우연처럼'이지, '우연'이 아니다. 사실 우연은 '반드시 그 자리에 있어야 했던 이유'가 있기에 가능한 행운이다. 정말 좋은 순간을 포착하기 위해서는 다시 오지 않을 극적인 순간을 계산해야 한다.

갓 사진가가 되었을 때는 나도 먹이를 찾아다니는 하이에나처럼 무작정 돌아다니고 무작정 많이 찍었다. 그렇게 사진을 찍는 일은 너무나 힘들었다. 마치 보이지 않는 물속으로 투망을 던지는 일과 비슷했다. 많이 시도해보는 것의 장점도 있다. 경험치가 많으면 비교할 수 있는 눈을 갖게 되고, 사물과 세상을 바라보는 자기만의 근거도 가지게 된다. 그러나 무작정 많이 찍는다고 좋은 사진이 얻어진다는 보장은 없다. 안타깝게도 이게 사진 예술의 진실이다.

시간이 흐르면서 이런 작업 방식에 회의가 들었다. 찍을 내용과 범위를 예측하고, 준비한 내용을 사진으로 옮기는 방식으로 바꿨다. 이렇게 방법을 바꾸니 처음에는 마치 타법을 바꾼 야구 선수처럼 불편했다. 정확하게 주문받은 상업사진을 찍는 사진가가 아니었기에 더 그랬는지도 모르겠다. 그런데 이렇게 하고 나니 원하는 장면과 마주칠 확률이 높아졌다. 벚꽃 피는 봄날이라면 좋은 장소와 절정의 시간을 미리 확인해둔다. 벚꽃이라고 다 똑같지 않다. 좁고 길게 이어진 곳과 넓게 펼쳐진 곳의 벚꽃이 다르다. 산속에서 홀로 흰색의 자태를 뿜어내는 벚꽃도 있다. 내가 벚꽃을 향해 가고 싶은 새로운 길을 계속 생각해본다. 그리고 그 이미지를 구현할 방법을 머릿속에서 구상한다. 그런 작전 위에 올려진 카메라가 포착해내는 이미지는 확실히 다르다.

일본 황실의 정원을 관리하던 정원사가 있다. 한 사업가가 그를 초빙해 새로 조성할 정원의 돌 놓는 일을 맡겼다. 그가 일하는 모습을 지켜보았다. 하루 종일 아무 짓도 하지 않고 의자에 앉아 돌 놓을 자리를 보고 있었다. 돌을 한 점 놓고, 다음 날도 그다음 날도 의자에 앉아 보기만 했다. 가끔 손을 들어 인부들에게 놓인 돌의 위치와 방향, 높이를 바꾸게 했다. 다음 할 일도 마찬가지였다. 이쪽저쪽을 돌며 보고 있을 뿐이었다. 이 같은 일을 석 달째 반복하며 돌을 들었다 놨다 한 것이 그가 한 일의 전부였다. 작업은 답답하고 더뎠다. 일을 발주한 이의 원망이 얼마나 컸을까. 긴 시간이 지나 드디어 돌 놓는 일을 마무리되었다. '정원에 놓인 돌의 역할이 크면 얼마나 크랴.'라고 생각했다. 계절이 바뀌고 낙엽이 진 정원의 색깔이 달라져 있었다. 튀어나온 돌의 질감과 색깔은 원래부터 그 자리에 있었던 듯 자연스러웠다. 더도 덜도 말고 그 자리, 그 크기, 그 높이에 있어야 하는 돌과 주변의 조화는 놀라웠다. 겨울이 왔다. 다시 그 정원에 가보았다. 눈에 덮인 돌이 솜사탕처럼 희고 부드러워 보였다. 눈이 녹고 봄이 왔다. 봄비에 젖은 돌은 물속에서 숨을 쉬는 물고기처럼 생동감이 넘쳤다. 서로의 간격과 솟아나온 면적의 대비는 카메라의 프레임으로 잘라내면 또 다른 작품이 될 듯싶었다. 그제야 돌 하나 놓는 데 긴 시간이 걸린 이유를 수긍했다.

사진도 마찬가지이다. 좋은 사진은 어떻게 보일지를 미리 생각하고 충분히 숙지한 뒤 찍은 사진이다. 흔히 사람들은 사진을 찍는 행위에만 열중한다. 그에 비해 찍은 사진이 어떻게 보이고 전달되는지에 대한 관심은 현저히 낮다. 어떻게 보일지 모르고 찍었으니, 자신의 사진에 대한 설명이 많아진다. 분명 잘 찍은 사진인데 이상하게 피곤함이 느껴지는 사진들은 무언가를 자꾸 설명하려 든다는 공통점이 있다. 이 장면이 정말 멋지지 않냐는 구구절절한 목소리가 들리는 듯 하다.

그러나 일부러 설명해야 하는 것들은 공감되기 어렵다. 폭발적인 감정을 느끼게 되는 사진은 명료하다. 그 사람이 아니면 찍을 수 없는 선택의 눈을 보여주는 사진, 디테일이 압도적으로 뛰어난 사진, 지속적인 관심을 통해 만들어낸 깊이와 완성미를 보여주는 사진. 이런 사진은 설명을 필요로 하지 않는다. 그런 이미지 뒤에는 명료한 감동을 만들기 위해 들였던 치밀한 계산이 있다. 어쩌다 한 번의 성과는 낼 수 있다. 하지만 원할 때마다 바로 만들어낼 수 있는 게 실력이다. 모든 세련은 지루한 반복과 연마로 얻어진다는 사실을 잊으면 안 된다.

아름다움을 발견하고 실천하는 일이라는 게 이렇다. 바쁘게 돌아다니며 열심히 하는 것만으로는 모자란다. 정제된 내용을 깊이 있게 생각하며 찍은 사진은 조급함이 느껴지지 않는다. 인상적인 사진은 제 스스로 느낀 감정의 내용을 급하게 담으려고 하지 않는다. 마구 흘려보내지도 않는다. 그 감정을 잘 붙들고 정확하고 완벽하게 마무리한다. 그런 사진을 만들어냈을 때의 희열, 그런 사진과 마주할 때의 흥분을 뭐라 말로 설명할 수가 없다.

6

나는 무엇을 보고 싶어 하는 사람인가

사진을 찍는 이든, 사진을 바라보는 이든, 그 속에서 진정으로 찾는 것은 무엇일까. '쉽게 찍히지 않는 어떤 것'이다. 사진이 누구나 쉽게 배울 수 있는 기술이기에 더 커지는 욕망이다. "좋은 사진은 무엇입니까?" "어떻게 하면 좋은 사진을 찍을 수 있습니까?" 이런 질문을 수없이 받아왔다. 그때마다 내 깜냥 안에서 최선의 답을 전하려고 노력했다. 구도, 빛, 대조와 대비와 같은 기술적인 이야기에서부터, '한발 더 나아가라, 자신의 주변부터 새롭게 찍어라, 이야기를 담아라, 독특함으로 눈길을 끌어라.' 같은 조언도 해보았다. 어느 순간 사진을 찍는 이들에게 이런 말까지 하고 있었다. "멋진 인생을 살아라." 사진론이 인생론이 된 것이다. 긴 시간을 돌아와 다시 생각해본다. 우리가 사진이라는 예술을 통해서 느끼는 아름다움의 정체는 과연 무엇일까.

항상 사진은 세상의 숨겨진 진실과 아름다움을 발견하는 일이라 말해왔다. 사진은 보이지 않는 것을 드러나게 하는 것이 그 본령이다. 남들이 보지 못한 것, 남들이 보지 못한 순간을 담는 '발견의 미'가 주는 충격이 사진의 본질이다. 사진은 인간의 진화를 보완하는 역할을 한다. 과학은 인간의 '보기 습성'이 진화의 산물이라는 것을 밝혀냈다. 게슈탈트 이론이 그것이다. 인간은 세상을 정확하게 보는 게 아니라 필요한 것만 머릿속에서 조합하고 선택하며, 모자람을 메워간다는 것이다.

이것이 동물의 진화를 이끈 기본 원칙일 것이다. 생존에 꼭 필요한 것에 집중해서 인식의 정도를 높이는 방법이기 때문이다. 흐릿하게 보이는 물체가 고양이인지 호랑이인지를 빠르게 파악하는 일이 중요하다는 말이다. 고양이와 호랑이를 늦게 판정하면 잡아먹히는 일이 생긴다. 그러니 우리의 뇌는 호랑이의 중요한 특질을 머릿속에 넣고, 그 중요한 특질부터 파악하게 되어 있다. 꼭 봐야 할 것부터 먼저 보는 습성이 발달한 것이다. 때문에 인간은 보고 싶은 것만 보게 된다. 그러나 사진은 보고 싶은 것만 보는 인간의 인식에서 빠져나간 것들을 길어 올린다.

사람들이 놓쳐버린 것들은 무엇일까. 재확인되는 희미한 기억과 내용이다. 쉬운 예로 함께 가족사진을 찍었을 때를 생각해보자. 당시 가족의 모습은 내 머릿속에 흐릿한 인상으로만 남아 있다. 그러나 사진은 그들이 입고 있는 옷과 신발, 들고 있는 가방은 물론 주변의 세세한 정보까지 담아낸다. 사진은 놀라울 정도로 침착하게 인간의 기억이 놓쳐버린 부분을 생생하게 보여준다. 우리가 반응하게 되는 사진의 감흥은 보지 못했던 것을 확인하게 된 놀라움이라 해도 틀리지 않다. 사진을 통해 희미한 기억과 내용을 재구성하는 것이다. 모든 것을 바꾸어놓는 시간이란 엄청난 힘에 맞서, 사진은 사람의 기억보다 항상 더 많은 걸 보여준다.

이는 미술의 재현과는 또 다른 재현의 기능이다. 예술이 추상적인 미를 좇은 지 오래되었지만, 여전히 재현에 대한 욕구와 필요는 힘을 발휘한다. 다만 현대에서는 다른 종류의 재현의 밀도와 질이 요구된다고 볼 수 있다. 인간의 눈보다 더 정밀하게 들여다본 사진 이미지는 인간이 갖고 있는 불완전함을 건드린다. 바꾸어 말하면 사진을 통한 재현의 욕구가 여전한 것은, 인간이 불완전한 존재라는 것을 자인하는 셈이다. 인간의 능력은 계속해서 커져왔지만, 채워도 채워도 성에 차지 않는 것이 인간의 본성 같다. 그러니 인간의 능력을 웃도는 사물을 만들고, 또 더 나은 것을 만들어낸다. 예술도 인간의 끝없는 욕망 속에서 변화해온 것이다.

그 욕망을 원동력으로 사진 예술이 발전해왔다. 사진은 끊임없이 재현의 방식과 밀도를 높여 진짜보다 더 진짜 같은 상태로 재현의 한계를 극복하려 한다. 최근 사진전에 가보면 사진의 크기가 어마어마하게 커지고 있다. 디지털 기술 덕분이다. 사물이나 인물의 실제 크기보다 더

코넬 카파가 설립한 뉴욕 국제사진센터

순간의 이미지를 영원히 담을 수 있다는 것이 사진의 본질이다. 로버트 카파를 비롯하여 기록, 보도사진이 사진의 역사에서 위대한 위치를 차지하고 있는 것도 이 때문이다.

커지는 건 당연하고, 자연 풍경조차 영화의 스크린을 보는 듯한 크기의 작품들이 자주 등장한다. 대자연 바로 앞에 서 있는 듯한 큰 스케일에 압도당하곤 한다. 크기의 압도감과 재현의 밀도가 높아지면서 새로운 감흥이 생겨나는 것이다. 이렇게 사진도 진화하고 있다.

이제 사진전을 보러 가면 얼마나 '멋지게' 찍었는지는 궁금하지 않다. 무엇을 찍었는지가 궁금하다. 사진을 통해 다른 이의 세상을 보는 방식과 관심사를 들여다보고 싶은 거다. 그 수많은 사진전에서 우리가 알지 못하고 보지 못한 내용을 다루는 경우는 거의 없다. 사람의 삶이 아니면 자연 풍경 혹은 찍은 이미지를 합성한 사진으로 분류된다. 그게 전부다. 큰 틀에서 보자면 더 이상의 새로움을 찾긴 어려울지 모른다.

그러나 위대한 사람은 평범한 것을 비범하게 마무리하는 능력을 가졌다. 이 능력을 가장 잘 느낄 수 있는 것이 바로 사진이다.

　우리가 누군가에게 자기 삶의 드라마를 이야기할 때 희로애락 전부를 이야기하는 법은 없다. 중점적으로 들려주고 싶은 이야기가 있다. 빛나는 순간을 더 많이 말하거나 혹은 가슴 아팠던 사연을 강조한다. 만약 겉으로 보아서는 드러나지 않던 자기 삶의 진실을 드러내기 위한 목적이 있다면, 자신이 절절하게 느꼈던 속마음을 말하게 된다. 사진도 마찬가지다. 누구나 볼 수 있는 대상을 자기만의 비범한 시선으로 포착하는 데 성공한 훌륭한 사진이 많다. 내가 생각지 못한 방식과 내용으로 마무리하는 능력에 좌절을 느낄 정도다.

　예술만큼 창의적 시도와 노력을 집약하는 분야는 없다. 예술은 구체적 용도가 없다. 용도를 지니는 순간 상품이 되어야 한다는 괴로움에 시달린다. 상품은 팔리지 않으면 실패를 인정해야 한다. 거꾸로 예술품은 반드시 팔린다는 보장이 없다. 팔리지 않아도 실패라 하지 않는 게 예술의 불문율이다. 자유롭게 무슨 짓을 하든 용서되는 인간 세계의 유일한 일탈 통로가 예술인 것이다. 그런 만큼 새로움만이 최고의 선으로 인정받는 게 예술이다. 비록 외면받는다고 해도 예술가의 작업은 도발적이어야 한다. 뻔한 것을 반복하는 일은 죄악이다. 뒤집고 흔들고 바꾸고 부정하는 과정에서 만들어질지 모르는 새로움만이 희망이고 목표가 된다.

　인간의 눈과 가장 가까운 사진도 똑같은 목표를 요구받는다. 그런 목표를 이루어낸 작업물을 보면 뭐라 설명하기 힘든 해방감이 든다. 사진

작가 이갑철의 사진을 보고 큰 충격을 받았다. 그는 한때 같이 작업하던 동료였다. 그를 잘 알고 있다고 생각했는데, 알고 보니 모르는 부분이 더 많았던 미스터리한 사진가였다. 이갑철은 2001년 『충돌과 반동』이란 사진집 한 권으로 내게 KO 펀치를 날렸다. 여태껏 본 적 없는 기괴하고 불안한 심상을 담은 이미지들이었다. 한국이라는 공간과 그 공간에 사는 한국인에게 숨어 있는 불안과 공포를 극명하게 드러낸 사진집이었다. 기분이 오싹했다. 너무 거칠고 투박해서 책을 덮었다. 책을 덮고 나서도 불안한 그림자가 계속 드리워진 듯했다. 이갑철의 사진은 알고 있지만 말해선 안 되는 금기의 단어들을 떠올리게 했다. 끔찍한 장면을 함께 지켜본 공범이 된 것 같은 죄책감이 들었다. 마치 공포영화를 본 후 등 뒤에 유령이 따라오는 듯한 느낌과 같았다. 귀신이 붙은 사진이라 해도 좋을 한 장 한 장의 내용은 하나같이 인간 내면에 고여 있는 죽음의 공포를 끄집어내고 있었다.

친구로서 지켜본바 이갑철 작가는 말을 조리 있게 하지 못한다. 제 사진을 설명하는 그의 말은 언제나 서툴렀고, 작업 전체를 잇는 논리도 빈약했다. 그러나 그건 중요하지 않다. 사진가는 설명을 하는 이가 아니라 보여주는 사람이니까. 그는 언제라도 사진 찍기 위해 카메라를 품고 전국을 누볐다. 그의 의식은 점점 더 예리해졌다. 성에 안 차면 무엇이든 가차 없이 베어버릴 태세로 살았다고 했다. 그는 마음속에 면도날을 품고 다녔던 것이다. 그가 들고 다닌 카메라는 곧 매서운 칼이었던 것이다.

그런 날선 시선으로 골라낸 사진들은 그 어떤 유사한 작품도 떠올릴 수 없었다. 비평을 하기도 어려웠다. 구도를 논하기에는 평론의 차원을 벗어난 사진이었다. 내용을 분류하기도 난처했다. 한국의 기층문화에 대한 다큐멘터리인지, 사적 경험의 충실한 고백인지도 명확하지 않다. 흔들리고 비틀린 사진들이었지만 기술적인 미비함을 언급할 수도 없었다. 그 내용이 압도적으로 중요한 사진이었기 때문이다. 한국 사진의 지평을 단숨에 끌어올린 성과였다. 이후에 이런 충격을 뛰어넘는 사진을 본 적이 없다. 그로부터 17년 동안의 공백이다.

위대한 예술 작품을 마주하고 그 감흥에 푹 빠지면 내가 마치 다른 사람이 된 듯하다. 위대한 사진도 그렇다. 전혀 다른 눈의 선택이 만들어낸 이미지는, 밝고 화사한 이미지라고 해도 그 본질은 도발이고 충격이다. '세상을 이렇게 다르게 볼 수 있구나.'라는 깨달음이 온다. 오늘날 많은 사람들이 사진을 사랑하는 이유는 자기만의 눈으로 세상을 해석하려는 욕망이 강해지고 있기 때문이라고 생각한다. 자기만의 눈을 가지려면, 세상에 위대한 눈이 수없이 존재한다는 사실부터 인정해야 한다.

브라질의 사진가 세바스치앙 살가두는 극한의 상황에서 일하는 노동자들을 존엄한 시선으로 기록한다. 노동자들과 동고동락하며 땀으로 찍어낸 사진은 영화로도, 문학으로도 풀어낼 수 없는 진한 메시지를 준다. 그의 사진을 보고 있으면 살갗에 햇볕의 따가움이 느껴지는 듯하다. 섬세하고 강렬한 질감이다. 그는 사진이라는 매체가 할 수 있는 일이 무궁무진하다는 걸 깨닫게 한다. 그의 사진을 보면 이런 질문이 들린다. '당신이 보고 있는 건 무엇인가.' 그 질문 앞에 고민하고 있는 나를 발견할 수 있다.

모든 위대한 사진들은 항상 이 질문을 던진다. '당신은 무엇을 보고 싶어 하는 사람인가.' 그 질문을 또 듣기 위해 사진전에 가고, 답을 찾기 위해 사진기를 든다. 정답이 없다는 것만이 위안이다.

최영모, 〈한라산〉

244 × 245

Part 6

일상의 욕망을 다독이는 지혜, 디자인

인간은 어느 곳에 있든지 언제나 아름다움을

자신의 생활 속에 지니기를 바란다.

막심 고리키

1

디자인은 곧 사물의 진화이다

"사람은 누구나 디자인을 한다." 미국의 공학자 헨리 페트로스키가 한 말이다. 헨리 페트로스키는 독특한 인물이다. 그는 토목학자이자 역사학자였다. 그러면서 연필, 포크 등의 일상적 사물을 소재로 디자인이란 무엇인지를 재미나게 설명해온 작가였다. 많은 사람들이 디자인에 대해 이야기해왔지만, 그중 헨리 페트로스키가 유독 기억에 남는 이유는 그가 '사물'에 입각해 디자인을 말한 사람이기 때문이다.

바야흐로 디자인의 시대이다. 같은 값이면 '예쁜 걸' 산다는 게 아니라, 비싼 값이라도 '예쁜 걸' 산다. 뿐만 아니다. 예전에는 여행을 가면 미술관, 박물관, 역사적 유물을 보러 돌아다녔다면, 이제는 멋진 디자인을 볼 수 있는 곳을 찾아가는 일이 점점 늘고 있다. 그런데 왜 사람들은 디자인에 열광하는 걸까. 좋은 디자인의 기준은 무엇일까. 좋은 디자인을 알아보는 눈은 어떻게 생겨나는 걸까. 결국 디자인이란 무엇일까. 쉽게 답할 수 있는 질문은 아니지만, 디자인을 이해하는 데 필요한 두 가지 키워드가 있다.

쉴 때도 있었지만 2007년부터 지금까지 '윤광준의 생활명품'이라는 글을 신문에 연재하고 있다. '생활명품'이라는 게 뭘까. 흔히 '명품'이라고 하면 면세점에서 파는 유명 해외 브랜드에서 나온 고가의 옷이나 가방 등을 떠올린다. 그런 특별한 물건이 아니라 먹고, 자고, 씻는 등 우리의 일상과 관련된 사물 중에서 정말 탁월한 물건을 찾아보자는 취지였다. 당시만 해도 명품이라는 카테고리에 에르메스 가방과 장수막걸리, 미군용 수통이 함께 포함되는 건 상상도 할 수 없던 시절이었다.

글을 연재하면서 좋은 사물을 꾸준히 관찰하고 찾아보는 경험이 이어졌다. 시간이 가면서 '생활명품'일수록 디자인이 탁월하다는 공통점을 발견해냈다. 별거 아닌 물건을 다른 관점의 디자인으로 접근하여 가치를 탈바꿈시키는 이들을 숱하게 만났다. 그 과정에서 예전에는 이해하지 못했던 사물의 형태가 이해되기 시작했다. 좋은 디자인에 대한 기준이 만들어졌다. 그 긴 시간을 통해 디자인에 대해 갖게 된 두 가지 키워드가 있다. 하나는 디자인은 곧 '사물의 진화'라는 것이고, 또 하나는 '일상의 의미화'라는 것이다.

디자인은 사물의 진화를 보여주는 일이다. 어느 다큐멘터리 프로그램에서 나와 비슷한 생각을 했던 인류학자를 발견한 적이 있다. 프랑스 출신의 한 젊은 학자가 구석기인들이 썼던 타제석기에 주목한다. '뗀석기'라고도 부르는 타제석기는 전 세계에서 공통적으로 발굴된다는 특징이 있다. 구석기인들은 돌에 직접 타격을 가해서 만든 타제석기로 사냥도 하고 요리도 했다. 현대의 인류학자는 이 타제석기를 똑같이 만드는 일에 도전한다. 어떻게 되었을까. 결론은 실패다. 수많은 지식과 경험을 갖춘 현대인이 아무리 노력해도 그 옛날 구석기인들이 만든 타제석기를 못 만드는 것이다. 이 이야기가 알려주는 바는 무엇일까.

원시적인 도구인 타제석기조차 그 시절에 아무나 만들지 않았다는 것이다. 전문적으로 만드는 사람이 따로 있었다는 결론을 내리게 된다. 수백만 년 동안 이어진 인류 진화 과정에서 축적된 제작 기법을 습득한 '장인匠人'의 솜씨였던 것이다. 예전에 연천군 전곡에서 발견된 아슐리안 계통의 구석기 주먹도끼를 직접 쥐어본 적이 있다. 오른손에 느껴지는 쥐는 감각이 좋았다. 엄지손가락의 둔덕에 맞추어 돌은 움푹 패여 있었다. 직접 쥐어보고 나니 모서리가 떨어져 나간 듯한 엉성한 돌멩이가 만만하게 보이지 않았다. 도구로서의 역할을 충분히 할만 했다.

전 세계에서 발굴되는 타제석기들을 살펴보면, 지역마다 약간의 차이는 있어도 기본적으로 대칭 구조를 갖고 있다. 자연 상태에서 대칭 구조를 갖고 있는 돌은 거의 없다. 그런 조형적 선택을 했다는 것은 전문가의 솜씨로 만들어진 사물이라는 뜻이다. 타제석기의 대칭성은 인

구석기 시대의 주먹도끼

인류는 도구를 사용하기 시작할 때부터 조형미를 추구했다. 인간이 만든 최초의 규격화된 도구인 주먹도끼의 놀라운 대칭성만 봐도 알 수 있다. 손에 쥐어보면 바로 알 수 있다. 도구의 진화는 디자인의 발전에 다름 아니다.

류가 최초로 시도한 디자인 작업이었다. 인간의 미적 추구가 본능적이라는 것도 증명된다. 구석기인들도 같은 타제석기라면 대칭의 조형미가 더 잘 구현된 것을 선호했을 것이다. 그러니 장인이 만든 타제석기만 남아 있는 것이다.

사물의 진화 정도와 그 시대 최고의 디자인은 같은 의미라고 할 수 있다. 애플의 스티브 잡스가 그토록 디자인을 강조했던 이유도 같다. 아이폰을 처음 보았을 때, 사람들은 물 한 방울 스며들 것 같지 않은 이음매와 모서리 없는 금속 가공의 정교함에 감탄했다. '이만하면 되었다'가 아닌 '지금 할 수 있는 최선'의 완벽을 실현하고자 한 아름다움이었다. 아이폰이 세상을 휘어잡은 이유는 단순하다. 아이폰의 탁월한

브라운의 가정용 믹서

좋은 디자인을 구현한 물건은 딱히 내가 쓸 것이 아니어도 눈길을 잡는다. 기능의 우수함도 보증된다. 독일의 가전제품 회사 브라운은 1950년대부터 지금까지 현대 산업디자인의 중심 역할을 했다.

아름다움이 아이폰의 뛰어난 성능을 보장했기 때문이다. 사람들은 아이폰과 같은 기능을 가진 제품이 이전에 존재했었다는 사실도 잊었다.

디자인의 필요성은 이 지점에서 설득력을 갖는다. 사물이나 상품을 아름답게 만들면 한 번 더 들여다보게 되고 기능과 본질마저 좋을 것이란 믿음이 커지기 때문이다. 사람들을 한눈에 끌어모으기에 아름다움보다 더한 게 없다. 보는 것만큼 직관을 끌어내기 유리한 감각이 없기 때문이다. 척 보면 안다는 말처럼 미적 직관의 효과는 대단하다. 껍데기만 보면 안에 감추고 있는 것까지 다 파악되는 것이다. 그러니 가장 앞선 제품으로 인식되고 싶다면, 완벽한 디자인의 실현이 해법이다. 디자인이 물건의 영혼이라는 잡스의 확신이 옳았던 것이다.

아이폰은 인류 진화의 증거다. 아이폰의 디자인은 300만 년이라는 인류의 시간이 있었기 때문에 가능했다. 불과 100년 전이었다면 그 시점의 인류의 지식, 기술, 감각으로는 나올 수 없는 물건이었을 것이다. 갑작스레 등장한 사물이라고 해도, 모든 사물은 인류의 지식과 실험의 결과로 나타난 것이다. 사물의 디자인 뒤에는 재료의 발견, 재료를 다루는 기술의 발전이 숨어 있다.

의자 다리는 보통 네 개이다. 다리가 하나인 의자가 나온 지 채 100년도 안 된다. 다리가 하나인 의자를 디자인한 사람은 에로 사리넨Eero Saarinen이다. 그가 만든 '튤립 의자'는 20세기 디자인 아이콘의 하나로 꼽힌다. 그는 평소에 의자의 다리가 보기 싫다고 생각했다. 의자의 등받이에서 다리로 완벽하게 이어지는, 하나로 흐르는 듯한 디자인을 하고 싶었다. 그런데 그와 같은 생각을 한 사람이 이전에는 없었을까. 의자의 다리 수를 줄이면 좋겠다는 생각을 한 사람은 있었지만, 다리가 하나이면서도 가느다랗게 만들 수 있는 재료와 기술이 없었던 것이다. 에로 사리넨은 건축가였다. 건축가는 재료의 성질에 민감한 사람들이다. 그는 특히 철재와 유리를 능숙하게 잘 다루는 사람이었다. 튤립 의자의 다리는 겉으로 보기에는 플라스틱처럼 보이나, 사실은 금속을 사용했다. 인류가 다루는 재료와 기술의 발전이 의자라는 사물의 모양을 진화시킨 것이다. 이처럼 하나의 사물 안에 인류 지식의 진화가 모두 담겨 있다는 관점을 가지면, 일상에서 마주하는 모든 사물의 형태에 다 필연적인 이유가 있음을 알게 된다.

디자인과 사물의 진화는 그 맥락이 같기에, 좋은 디자인은 곧 좋은 물건을 뜻한다. 고등학교 시절 미군 부대 주변의 가게에서 물건들을 보았을 때의 기억이 생생하다. 세련되고 멋진 것들이 널려 있었다. 눈을 떼지 못하고 정신없이 쳐다보곤 했다. 못 보던 물건들이 주는 신기함도 있었지만, 그것보다는 익숙한 물건들이 다른 형태를 하고 있는 데 더 감탄했다. 똑같은 기능을 가진 사물인데 뭔가 다른 것이다. 전에 본 적 없던 형태의 신선함, 익숙하지 않은 색채가 주는 파격, 정밀한 마무리가 주는 완성도. 이런 것들을 느꼈던 것이다. 같은 플라스틱 제품인데도 느낌이 달랐다. 기름이 흐르는 듯한 매끄러움, 플라스틱이라는 값싼 재료를 고가의 재료로 느끼게 하는 깊이 있는 색감 등에 감탄했다. 브라운 믹서기의 유리 굴곡과 모터부로 이어지는 형태가 얼마나 유기적인지, 하나로 연결된 것 같은 안정감에 깜짝 놀랐다. 흰색과 붉은색으로 단순하게 디자인된 깡통들에서 눈을 못 뗄 때도 있었다.

그런 물건들을 바라보는 게 좋기만 한 것은 아니었다. 선진국에서 만든 물건과의 격차가 무엇인지 아는 것은 고통이기도 했다. 알면 알수록 우리의 것이 옹색하게 느껴졌기 때문이다. 이후 카메라와 오디오에 빠졌다. 좋아하는 물건의 영역이 생기자 디자인의 차이에 더 민감해졌다.

미국과 일본의 물건이 다르고, 영국의 물건이 달랐다. 영국의 물건은 우선 색감이 달랐다. 명도, 채도가 한층 더 낮았다. 차분하고 묵직한 색감이다. 훗날 런던에 갔을 때 알았다. 런던 시가지 곳곳에 남아 있는 옛 건물들의 외벽에 칠해진 색이 바로 그런 색이었다. 하나의 물건에는 그

것을 만든 나라의 흔적과 특질이 녹아 있는 것이다.

1980년대 우리나라에서 유행했던 오디오는 영국 쿼드사 제품이 많았다. 자그마한 크기에 단정하게 마무리된 쿼드사의 앰프는 어떤 성능과 특징을 갖고 있는지 전혀 몰라도 꼭 가지고 싶을 정도로 강렬하게 다가왔다. 스피커도 디자인의 차이를 느끼기에 좋은 사물이었다. 나무 상자 형태의 단순한 디자인인데도 영국에서 만든 오디오 스피커와 미국에서 만든 것은 다르게 느껴졌다. 영국의 스피커는 똑같은 용적이어도 갸름한 느낌을 강조한다. 반면 미국의 스피커는 가로 폭을 넓혀 상대적으로 커 보이게 하는 경향이 있다. 몇 밀리미터가 다를 뿐인데 전혀 다른 느낌을 만들어냈다. 사람의 얼굴을 생각해보면 쉽게 이해할 수 있다. 약간 더 갸름하거나, 약간 더 볼살이 있을 뿐인데도, 완전히 달라지는 게 인상이다. 그 작은 차이에서 미국과 영국의 미적 감각이 다르다는 것을 느낄 수 있었다.

하나의 사물에는 인류의 역사가 담겨 있으니, 당연히 어떤 사회에서 만들어졌느냐에 따라 디자인이 다를 수밖에 없다. 상상할 수 있는 것이 다르고, 추구하는 바가 다르다. 이를 직감적으로 느낀 일이 있었다.

오래전에 친구가 술을 한잔 샀다. 사주는 술은 더 맛있다. 취흥이 도도했다. 어느 순간 손에 잡고 있는 컵의 느낌이 독특하게 다가왔다. 자세히 들여다보니 흔히 볼 수 있는 매끄러운 유리컵이 아니었다. 바닥에는 세 개의 돌기가 있어 발을 대신했고, 표면은 오톨도톨한 얼음 같았다. 밑부분으로 갈수록 두께와 무게가 더해져 묵직했다. 컵 안에 담긴 얼음의 차가움이 평소와 다르게 느껴졌다. 특이한 모양의 컵을 만지작거리는 동안 갑자기 핀란드가 떠올랐다. 핀란드에 가본 적은 없다. 핀란드에 대해 아는 것은 교향시 〈핀란디아〉의 작곡가 얀 시벨리우스의 나라라는 것, 빙하가 만들어낸 피오르드 협곡이 있다는 것뿐이었다. 여기서 갑자기 북구의 나라를 떠올리다니.

그러고는 그 순간을 까맣게 잊었다. 몇 년 후 어느 회사를 방문했을 때 똑같은 모양의 컵을 발견했다. 찬물을 담은 유리컵의 오톨도톨한 표면에 김이 서려, 마치 얼음이 얼어붙은 것처럼 보였다. 그제야 컵의 이력을 추적해보았다. 핀란드 회사 이딸라iittala가 만든 '울티마 툴레Ultima Thule'라는 제품이었다. 울티마 툴레는 라틴어로 '가장 북쪽'이라는 뜻이다. 무려 50여 년 전 디자이너 타피오 비르칼라가 북구의 녹아내리는 빙하의 모습에 착안해 만든 제품이었다. 짐작보다 오래전에 만들어진 물건이라는 데 놀랐다.

이처럼 하나의 형태에 숨어 있는 이력을 발견하게 되면, 각자가 가진 관점에 따라 같은 기능의 물건을 마무리하는 방식이 다양해진다는 걸 알게 된다. 같은 기능의 물건인데 다른 디자인을 한 것이 더 있을까를 상상하게 된다. 디자인에 대한 관심이 늘어나는 것이다. 관심이 늘면 욕심도 생긴다. 좋은 디자인을 구현한 사물의 목록이 늘어나면, 눈도 까다로워진다. 어떤 디자인은 마음에 쏙 들지만, 별로인 디자인도 있다. 남이 해놓은 디자인이 마음에 들지 않으면 제가 직접 할 수밖에. 나도 그렇게 뭔가를 직접 만든 적이 많았다.

내 손으로 꼭 만들어보고 싶은 앰프가 있었다. 내가 만들면 더 잘할 수 있을 듯했다. 모눈종이에 형태를 그리고 두꺼운 종이에 옮겨 완성 상태를 미리 보는 목업mockup(제품 디자인 평가를 위하여 만들어지는 실물 크기의 모형) 작업을 해봤다. 머릿속으로는 완벽을 꿈꾸었는데 할수록 어설펐다. 앰프의 가로세로 폭에 비하면 원형 다이얼의 크기는 커 보였다. 다이얼들의 간격도 어울리지 않았다. 계속 바꾸어보았다. 얼추 마음에 드는 결과를 얻을 때까지는 많은 실험과 시도가 필요했다.

이를 토대로 실물을 완성하면 되겠지라고 생각한 순간이 왔다. 하지만 그럴 리가. 내가 설계한 크기의 원형 다이얼은 어디에서도 구할 수 없었다. 원하는 두께의 철판은 있지도 않았다. 멋진 색을 내기 위해 거쳐야 하는 가공은 수천 대쯤 제작하면 겨우 맡아주는 대형 공장에서나 가능한 일이었다. 그제야 알았다. 우습게 알았던 제품의 디자인과 마무리는 한 개인의 반짝이는 아이디어로 이루어지는 게 아니었다. 좋은 디자인이 가능하기 위해서는 인류의 전 역사가 필요하다는 사실을 받아들이기로 했다. 약간의 차이를 극복하기 위해 들어가야 하는 에너지가 엄청나다는 걸 깨달았다. 우리가 일상에서 쓰는 도구와 물건은 이런 에너지가 모인 대단한 것들이다.

2

사물의 본질적인 가치를 발견하는 일

우리가 즐겨 쓰는 물건에는 오래된 미적 감각이 녹아 있다. 물론 사물의 디자인은 계속 달라져왔다. 어느 사회도 과거와 똑같은 물건을 쓰지 않는다. 계속 새로운 디자인이 나온다. 그러나 새로운 디자인이라는 것은 맥락 없이, 하늘에서 뚝 떨어지는 게 아니다. 많은 사람들이 탄복하는 디자인일수록 오래된 것의 본질을 오늘날에 살아 있게 만드는 일이라는 걸 수시로 깨닫는다. 유기그릇 '놋이NOSHI'를 발견했을 때도 그랬다. 길을 걸어가던 나의 시선을 한눈에 사로잡은 디자인은 전통을 고수하는 천편일률의 유기와 달랐다. 기자 시절의 인연으로 무형문화재로 지정된 유기 장인분들을 알고 있다. 그들이 만든 귀한 물건이 시대와 불화하면서 쇠락하는 것을 안타깝게 지켜보아야 했다. 어떤 분들은 점점 더 '전통 그대로'의 방식을 고집하면서, 소수의 특정한 사람들을 위한 물건을 만드는 길을 선택했다. 어려운 '방짜' 제작 방식을 고집하기도 했다. 사물이 아닌 '예술'의 길을 선택하는 것이다.

또 다른 선택이 있기도 하다. 전통을 완전히 새롭게 바꾸는 것이다. 파격적인 새로운 제품을 만들어보려고 노력하는 것이다. 그러나 이런 시도가 순간 신선할지 몰라도, 이것도 저것도 아닌 것이 되는 경우도 많이 보았다. 이래저래 힘든 일이다.

유기의 질감을 현대적 디자인으로 구현한 '놋이'의 그릇은 달랐다. 유기의 질감, 색채, 무게감은 그대로 지니면서, 형태가 새로웠다. 무엇보다 기존의 유기에서는 볼 수 없었던 다양한 용도의 그릇이 존재했다. 밥주발, 국그릇, 수저에 국한되지 않은 다채로운 형태의 그릇들은 완벽한 균형미를 구현하고 있었다. 특히 내가 감탄했던 것은 고운 사포로 밀어낸 듯한 부드러운 결이 느껴지는 광택이었다. 전통적인 유기와 달리 무겁고 어둡지 않았다. 밝고 빛이 나면서도 기품 있었다. 그러면서도 전혀 과하지 않았다. 매일 쓰는 그릇처럼 친숙한 느낌마저 들었다.

이 그릇을 만든 이의 배경이 궁금했다. 거창의 공장을 찾아갔다. 징을 만드는 무형문화재인 아버지가 운영하던 유기 공장을 아들이 물려받은 것이었다. 아버지의 징은 사물놀이의 김덕수가 애호하고, 국립국악원에 명기로 소장될 만큼 유명했다. 아들은 아버지의 정신과 유기의 전통 제법만을 이어받기로 했다. 대신 그릇 자체가 주인공이 아니라, 담는 것이 주인공이 되는 그릇을 만들기로 했다. 모셔놓는 유기가 아니라 일상에서 익숙하게 쓰일 수 있는 유기를 만들기로 한 것이다. 그러자 형태가 자연스럽게 달라졌다. 자주 꺼내 쓰고 싶으면서도 유기의 본질적인 미를 그대로 전달할 수 있는 비례와 곡률과 두께가 찾아졌다. 샐러드, 스파게티가 담겨도 어울리는 유기가 만들어졌다. 새로움과 전통의 사이에서 영리하게 답을 낸 디자인이었다. 유기 본질의 가치를 더 높여준 디자인이었다.

앞으로는 새로운 디자인이 폭발적으로 등장할 것이다. 예전에 내가 낑낑거리며 앰프를 만들던 때와 시대가 또 달라졌다. 기술 발전의 속도는 너무나 놀랍다. 3D프린터로 집도 지을 수 있는 시대가 되었다. 지금 같으면 그때 내가 원했던 크기와 형태의 다이얼을 3D프린터로 며칠 만에 만들 수 있을지도 모른다. 더 많은 디자인 실험이 가능해졌다.

게다가 기술 발전은 상향 평준화된다. 그 말은 어디서나 사물의 기능이 평준화된다는 뜻이다. 불과 몇 년 사이에 특별히 대기업의 제품이 더 좋다고 말할 수 없는 시대가 되었다. 한때 질이 떨어진다고 생각했던 '메이드 인 차이나'가 이제 어느 나라도 무시하지 못할 수준으로 따라왔다. 기능의 격차가 줄면, 차이는 디자인에서 드러나게 된다. 디자인의 역량은 생각보다 쉽게 따라잡히지 않는다. 세련됨을 구현하기 위해서는 오랜 세월의 축적이 필요하다.

새로운 디자인 시도가 많아질수록 사물의 본질적인 면을 생각하게 되는 것은 그 때문이다. 오래된 영국제 스피커에서 나오는 아우라가 만만치 않은 것은, 그 디자인이 지켜온 자기만의 기준이 있기 때문이다. 새로운 것을 시도해도 그 본질적 기준을 망가뜨리면 실패하는 것이다.

좋은 건축가가 재료의 중요성을 잘 안다면, 좋은 디자이너는 질감의 중요성을 잘 안다. 멋진 디자인을 구현한 제품은 질감의 장점을 극대화했다는 공통점이 있다. 멋지다는 느낌은 매끄럽고 부드러우며 치밀한 상태의 다른 표현이다. 그런 느낌은 비단 손으로 만질 수 있는 제품에만 해당되지 않는다. 예를 들어 불빛도 질감이 좋은 불빛이 따로 있다.

유럽의 도시를 가보면 우리와 불빛이 다르다는 것을 알게 된다. 밤길가에 비치는 불빛은 하나같이 편안하다. 가로등의 불빛도, 건물 곳곳에 달린 조명도, 창을 통해 비쳐 나오는 실내의 불빛도 낮고 차분하고 따뜻하다. 어디에도 과잉된 빛이 없다. 우리나라에서 조명 디자인이라는 분야를 처음 개척한 이는 늘 한탄하곤 했다. 조명은 무조건 밝아야 한다는 사람들의 생각을 바꾸기가 너무 힘들었던 것이다.

디자인을 생각하는 사회는 '양'이 아닌 '질'을 생각하는 사회다. 아파트 시공업체가 달아놓은 천편일률의 조명 아래 사는 사회와 각자가 원하는 조명을 선택할 수 있는 사회의 풍경은 매우 다르다. 최근 로마 시민들은 엄청난 밝기와 효율을 자랑하는 LED 가로등이 도시의 낭만을 해친다며 불평을 쏟아내고 있다. 로마시가 비용 절감을 위해 황색 불빛을 내는 기존의 나트륨 전구 가로등을 백색 LED 가로등으로 바꾼 탓이다. 영국 일간지 《텔레그래프》조차 "로마에 초현대식 LED 조명은 어울리지 않는다."는 목소리를 냈다. 온 도시가 유적지인 로마가 병원이나 시체 보관소 같은 분위기로 바뀌었다는 것이다. 로마 중심부에 사는 주민들은 '창문 앞에 양초 놓기 운동'까지 벌였다.

불빛을 디자인하려는 사회라니 부럽기 짝이 없다. 다행히 우리나라에도 이런 철학을 가진 기업이 있다. 1962년부터 백열전구만 만들어온 일광전구다. 일광전구 대표에게 "왜 백열전구를 만들고 있습니까?"라고 물었더니 당연한 대답이 돌아왔다. "불빛이 따스하고 아름답습니다." 그 차이를 알아주는 사람이 얼마나 될까 싶지만, 한번 '질'에 대한 관심이 생겨나면 그 관심은 절대 꺼지지 않는다. 지금 일광전구의 제품은 젊은 세대들이 즐겨 찾는 디자인숍에서 팔리고, 일광전구의 아름다움을 잘 전달하는 스탠드가 따로 만들어져 판매되고 있다. 이처럼 디자인에 관심을 가지는 것은 '외형'이 아니라 '사물의 질'에 관심을 가지는 일이다. 그 질을 어떻게 잘 전달하느냐를 생각하다 보면 그에 맞는 외적인 조화와 비율을 발견하고 이해하게 된다.

사람들이 좋은 디자인이라고 받아들이는 또 다른 요인은 '정교함'이다. 사소한 물건도 그 정교함이 높으면 탄복하게 된다. 반면 멀리서 보기에 멋진 사물도 가까이에서 보았을 때 거친 표면 마무리, 조잡한 봉합선이 드러나면 손이 가지 않는다. 정교한 물건이 주는 느낌은 쾌감에 가깝다. 일본 장인이 만든 손톱깎이를 사용할 때도 느꼈다. 스윽 하고 몸의 군더더기가 깔끔하게 잘려나가는 순간, 몰려드는 쾌감에 감탄했다. 이렇게 완벽한 물건이라니. 그런 예사롭지 않은 물건을 만날 때 전

스위스 기업 나그라의 휴대용 녹음기

미감의 세계와 물리의 세계가 붙어 있다는 것은 기계의 아름다움에서 느낄 수 있다. 지극히 정밀한 기계는 그 자체로 인간의 마음을 온전히 사로잡는다.

해지는 특유의 아름다움이 있다. 시각, 청각, 촉각 어느 하나에 국한되지 않는, 그 모든 것을 넘나들고 아우르는 만족감을 준다. 그런 만족감은 오감五感을 뛰어넘는 육감六感의 영역이다.

기계의 아름다움에 빠지는 이들이 있다. 차갑고 딱딱해 보이는 물건을 아름다운 미술품 보듯이 바라보며 빠진다. 기계야말로 인간이 만든 최고의 정밀함을 구현하는 사물이기 때문이다. 대표적인 예가 정밀공업의 선두주자인 스위스 기업 나그라Nagra가 만든 물건이다. 나그라는 방송과 영화에 쓰이는 전문가용 기자재를 만든다. 그중 휴대용 녹음기가 으뜸이다. 영화 〈봄날은 간다〉에서 배우 유지태가 대나무 숲에서 바람 소리를 따올 때 쓰던 바로 그 녹음기다. 이 녹음기의 오픈 타입 원형

금속 릴 테이프가 돌아가는 모습은 한참을 시간 가는 줄 모르고 들여다 볼 수 있다. 정교한 움직임은 살아 꿈틀거리는 생명체를 보는 듯하다. 재료를 보면 더욱 놀랍다. 기판에 쓴 재료와 작은 나사의 재료가 같은 것이다. 이런 곳에까지 신경을 쓰다니. 질감과 광채에 조금의 구획도 없다. 엄청난 일체감이다. 무슨 기계가 이토록 아름다운가 하는 생각이 든다. 물리의 세계와 미감의 세계가 통한다는 것을 확인할 수 있다. 녹음할 일이 전혀 없는 사람도 책상 위에 올려두고 바라보고 싶은 마음이 든다.

꼭 기계가 아니더라도 정교함으로 인해 같은 물건이 다르게 느껴지는 경험은 쉽게 할 수 있다. 진열대에 놓인 비슷한 물건 중에 어떤 것이 유독 남다르게 육박해올 때가 있다. 그 차이를 가만히 살펴보면 정교함과 완성도에 근거한다. 이런 종류의 미감은 사진이 없던 시절 완벽한 재현에 성공한 미술품에 감탄하던 감각과 같은 것이다. 완벽하지 않은 인간이 완벽한 창조물을 만들어낸 것에 대한 대리만족 같은 것이다.

3

완벽한 디자인일수록 너그럽다

헨리 페트로스키의 책 중에 『왜 완벽한 디자인은 없는가?Why There Is No Perfect Design』(한국에서는 『디자인이 만든 세상』이라는 제목으로 출간되었다.)라는 제목의 책이 있다. 이 책의 첫머리에는 라디오 토크쇼에 심리학자, 건축가, 공학자 등이 나와서 '좋은 디자인이 무엇인지?'를 이야기하는 내용이 나온다. 결론은 어땠을까. 사람마다 좋아하는 디자인이 다 달라서 토크쇼는 진행하면 할수록 엉망진창이 된다. 완벽한 디자인의 기준이 없다면, 디자인의 아름다움은 결국 취향의 차이일 뿐인 걸까.

사람들의 취향은 다양하다. 같은 걸 다르게 느끼는 경우도 많다. 너무 당연한 현상이다. 하지만 왜 똑같은 인간인데 다르게 느끼는 걸까. 이런 질문을 던져볼 수 있다. 이 물음에 대한 답을 찾기란 쉽지 않다. 이에 대한 해답을 찾으려는 노력은 오래전부터 시작되었다. 이 질문은 인간의 '시각적 지각'에 대한 연구까지 닿는다. 20세기 초 독일의 게슈탈트 이론은 '본다'라는 것을 본격적으로 규명한 연구라 할 수 있다. 게슈탈트 이론은 같은 형태를 다르게 느낄 수밖에 없는 이유를 설명한다. 가장 중요한 이유는 근경과 배경의 관계에 따라 사물의 형태가 다르게 보인다는 것이다. 이를 쉽게 이해할 수 있는 것이 사진이다. 똑같은 풍경을 똑같은 위치에서 찍어도 어디에 렌즈의 초점을 맞추느냐에 따라 이미지가 달라진다. 무엇이 근경이 되고 무엇이 배경이 되느냐에 따라 느낌이 다르다. 즉, 인간이 무엇을 주안점에 두고 인식하느냐에 따라 내용이 달라질 수 있다는 뜻이다.

그렇다면 취향은 어떤 특정한 대상, 분야, 종목을 선택하는 일이 아니라, 비슷한 것 사이의 차이를 얼마나 촘촘하게 설명할 수 있는지의 여부가 된다. 미적 감각은 아름다운 것과 아름답지 않은 것을 구분하는 게 아니라, 더 나은 아름다움을 선택하고 골라내는 능력이다.

같은 것이 어떻게 선택되느냐에 따라 전혀 다르게 느껴질 수 있다는 사실을 잡지사 사진기자를 하던 시절에 수없이 느꼈다. 사진가에게 가장 필요한 행운은 좋은 편집 디자이너를 만나는 일이다. 쉽지 않은 일이기에 '행운'이라 말하는 거다. 본문의 중요성에 비해 사진은 보조 역할에 그쳤다. 글자의 양이 갑자기 늘어나면 사진의 크기부터 줄였다. 찍은 의도와 관계없이 사진이 트리밍되는 경우도 많았다. 그렇게 해서 나온 책이 볼품없으면, 결국 사진의 탓이다. 볼만한 사진이 없어서 그렇게 되었다는 것이다. 사진가로서 불만이 생길 수밖에 없었다.

나중에 주변을 둘러보니 내 경우는 나은 편이었다. 미술부와 사진부를 나누는 일반적인 잡지사와 달리, 우리 회사는 편집, 미술, 사진을 총괄해 잡지의 꼴을 만드는 아트 디렉터 제도를 시행하고 있었기 때문이다. 그만큼 디자인에 대한 이해가 높은 곳이었다.

입사 후 처음 만난 아트 디렉터가 한글 서체로 유명한 안상수였다. 말단 사진기자로서는 하늘 같은 부장에게 모든 걸 일임할 수밖에 없었다. 지나고 보니 일방적 열세의 관계였기 때문에 오히려 더 많이 배울 수 있었다. 안상수 아트 디렉터는 《하퍼스 바자》의 전설적인 인물 알렉세이 브로도비치의 에디토리얼 디자인에서 영향을 받았다. 그는 전체를 몇 개의 그리드로 나누고 시각적 포인트를 덩어리로 파악해 배치하는 레이아웃을 구사했다. 당시로서는 파격적이면서 유기적인 디자인을 만들어냈다. 유기적인 느낌이 강한 잡지는 독자들의 정서를 깊게 자극했다. 기사와 사진에 대한 공감도 높았다.

사진가로 활동하면서 '타인이 필요로 하는 사진'을 만들어내는 일을 숱하게 해왔다. 그 세월을 거치면서 느낀 건, 디자인 감각이란 교감되지 않으면 일방적 신호에 머무른다는 것이었다. 사진도, 미술도, 음악도 마찬가지다. 모두의 기호를 만족시키는 방법은 없다. 세기의 명화라고 부르는 그림들에도, 그 세계에 조금만 발을 들여놓고 나면 험담하는 뒷이야기들이 무성하다는 것을 알 수 있다.

　모두를 만족시킬 수는 없지만, 다른 사람과 감각을 교감해야 한다는 목표를 갖는 건 중요하다. 좋은 디자인은 공감의 폭이 넓다. 많은 이들이 공감하는 디자인은 보자마자 디자이너의 의도를 알아차릴 만큼 눈을 끄는 요소가 잘 드러난다. 완벽한 디자인일수록 수용자에게 너그럽다.

　바꾸어 말하면 공감 능력이 좋은 사람이 디자인 감각도 좋다. 공감 능력이 좋다는 건 그만큼 개방적이고 유연한 사고를 가지고 있다는 것이다. 자기만의 관심에 머물지 않고 다수의 관심이 무엇인지를 파악하는 능력을 갖고 있다는 것이다. 그런 이들이 조화로움에 대한 감각을 갖고 있다.

　공감의 기본은 조화이다. 조화의 상태는 안정감으로 느껴진다. 누가 봐도 인정되는 안정감은 절묘한 비례와 균형을 구현하고 있다. 왜 액체를 담는 그릇은 대부분 둥근가. 원형이 액체를 담기에 가장 덜 불안한 형태이기 때문이다. 안정과 조화는 억지로 설명하지 않는다는 특징이 있다. 아름다움을 어떤 경우에도 강요하는 법이 없다.

　디자인 감각을 키우려면 당장 눈에 보이지 않는 조화로움을 상상하는 능력이 중요하다. 이를테면 패션 디자인이 그렇다. 20년 가까이 동대문 의류상가를 드나들던 시절이 있었다. 디자이너들의 온갖 시도를 담은 옷들을 보았다. 사람들의 취향은 변화무쌍했다. 도저히 입을 수 없을 듯한 너덜너덜한 옷이 대유행이던 적도 있었다. 반대로 내가 보기엔 멋져 보이고 좋은 디자인이라 생각했는데, 고객들의 눈에 차지 않는 옷들도 많았다. 사람들의 취향을 도저히 짐작할 수가 없었다. 시간이 지나면서 내가 중요한 지점을 흘려버리고 있다는 것을 깨달았다. 그 옷 자체만 가지고 호불호를 판정한 것이 잘못이었다. 옷은 다른 옷들과 조합해서 입는다는 사실을 흘려버렸던 것이다. 사람들은 파란색 재킷을 살 때 어떤 색의 바지나 스커트와 입을지 조합을 생각하면서 선택한다. 청바지가 유행하면 청바지와 잘 어울리는 스타일의 티셔츠가 같이 유행한다. 조화를 위해 고려해야 하는 것은 같이 입어야 하는 다른 옷들만이 아니다. 입는 이의 체격, 피부색, 시대 분위기까지……. 조합의 요소를 생각하면 고려해야 할 부분이 수없이 많아진다.

이후에 사람들이 옷을 입고 고르는 걸 관찰하기 시작했다. 옷을 잘 입는 이들의 선택은 의외로 쉽고 간단하게 이루어졌다. 자신에게 어울릴 법한 디자인과 재질이라면 선뜻 사는 걸 종종 목격했다. 길을 가다 쇼윈도에 진열된 옷을 보고 그대로 사 들고 나오는 경우도 있었다. 입어보지도 않고 말이다. 제 몸을 캔버스 삼아 전체의 그림을 그려가는 감각이 이미 장착되어 있는 것이다. 아름다움을 만드는 요소들을 조화롭게 조합하는 능력이 길러져 있는 것이다. 그런 이들이라면 언뜻 보기에 요란스럽고 이상한 옷들도 자신 있게 집을 수 있다. 어떻게 자기 몸에 조합할지 알기 때문이다. 반면 조화의 관점이 없으면 무난한 옷을 입어도 어색할 수밖에 없다. 멋쟁이의 정체가 바로 여기에 있었다.

4

일상이 아름다우면 결핍을 느끼지 않는다

이제는 없어진 풍토지만 한때 미술에 비해 디자인을 우습게 봤던 시절도 있었다. 지금은 오히려 역전이 된 기분마저 든다. 미술과 디자인이 분화된 건 100여 년 정도밖에 되지 않았다. 그 짧은 시간에 디자인은 예술의 지위를 차지했다. 재현을 포기한 미술이 어디로 가야 할지의 방향은 뻔했다. 산업 시대로의 전환과 더불어 아름다움을 입혀야 할 대상이 캔버스에서 물건과 상품으로 바뀐 것이다. 이런 변화를 먼저 수용한 곳은 독일이다. 시대의 흐름과 축적된 역량을 쭉 빨아들여 모더니즘과 아방가르드의 출발을 열었다. 현대 디자인의 원점이라 부르는 바우하우스의 의미는 여기에서 빛난다.

디자인 전통이 강한 독일 전역에는 디자인 미술관이 곳곳에 있다. 북부 함부르크에서부터 남부의 뮌헨에 이르기까지 여러 곳에서 현대디자인의 성과를 마주할 수 있다. 특히 베를린과 라이프치히가 전 세계 현대미술의 중심 역할을 하고 있는 곳이다. 디자인만을 다루는 전문 미술관은 아니지만, 라이프치히의 조형예술박물관이나 그라씨 미술관은 매우 충실한 전시를 보여주는 곳이다.

특히 그라씨 미술관의 디자인 관련 전시품은 다루는 폭과 양이 방대하다. 이집트 시대의 공예품에서 시작해 현대의 디자인 상품까지 다루고 있다. 이 전시를 쭉 따라가다 보면 우리가 오늘날 보는 사물의 변천 과정과 맥락을 이해하게 된다. 형태와 색깔 등 수많은 디자인 요소들이 어느 날 갑자기 생겨나지 않았음을 깨달을 수 있다.

일본에도 수준 높은 디자인 전시와 조형예술품을 볼 수 있는 미술관이 많다. 나가사키 현립미술관에서 본 테오 얀센Theo Yansen의 작업은 정말 놀라웠다. 테오 얀센은 압축공기를 이용하여 움직이는 조각을 만드는 키네틱 아티스트이다. 현대 예술계의 대표적인 융합형 예술가인 그는 물리학을 공부한 사람이다. 미술과 디자인의 경계를 나누는 것만큼, 물리와 디자인의 경계를 나누는 게 어렵다는 걸 느끼게 해준 작품이었다. 아직 국내에서는 수준 높은 디자인 미술관을 찾기 어렵다. 가끔 대림미술관 같은 곳에서 좋은 기획전이 열리긴 하지만, 상설로 찾아가서 볼 수 있는 디자인 미술관이 없다는 사실이 너무 아쉽다.

몬드리안을 연상시키는 게리트 리트벨트의 〈적, 청의 의자〉

현대미술은 디자인과 경계가 없다. 디자인 관련 전시를 자주 접하면 다양한 영역으로 연결되어 있는 예술사의 맥락을 이해하게 된다.

현대미술과 디자인은 같은 맥락으로 이어져 있다. 디자인과 관련된 전시를 찾아보는 일에 익숙해지면, 어렵고 추상적으로만 느껴졌던 현대미술을 이해하고 좋아하게 된다. 이제는 모든 산업과 기업에서 디자이너들을 채용한다. 디자이너가 직업인 사람들을 어디서나 쉽게 마주할 수 있다. 사람들은 디자이너라고 하면 미술사에도 능통하다고 생각하겠지만, 의외로 그렇지 않은 경우도 많다. 어떻게 생각하면 당연한 일이다. 음악가들 또한 자기 분야 이외의 음악은 잘 듣지도 않고 무심한 경우가 많으니까.

그러나 세상의 모든 일은 연관되어 있고, 고립되면 관계의 맥락을 놓치게 된다. 디자인의 뿌리는 어쨌든 미술이다. 미술만이 아니라 다른

뮌헨 현대미술관 모데른 피나코테크 내부

예술에도 관심을 가지는 게 좋다. 인류의 미적 역사를 이해하는 경험을 자꾸 해야, 오늘 내가 하는 일에 대한 두려움도 사라지고, 새로운 아이디어도 샘솟는다. 특히 현대처럼 '하늘 아래 새로운 것이 없을 것 같은' 두려움에 시달리는 시대에는 더욱 그렇다. 맥락을 알아야 모방을 해도 창조적으로 할 수 있고, 나는 새롭다고 생각하는데 다른 이들은 식상하다고 느끼는 함정에 빠지지 않을 수 있다.

이 책에서 미술, 음악, 건축, 사진, 디자인을 한꺼번에 다룬 이유도 여기에 있다. 인간의 미적 감각은 서로 연결되어 있고 맥락이 있기 때문이다. 세기의 천재인 스티브 잡스의 통찰과 아이디어는 지난 예술사에 빚지고 있는 부분이 많다. 애플의 디자인적 근원은 독일의 조형예술 집단인 바우하우스에서 비롯된 것이다. 바우하우스만이 아니라 애플이 추구하고 싶은 디자인의 방향을 찾아 미의 역사를 추적했던 잡스의 연구는 전방위에 걸쳐 있었다. 디자인이 중요해질수록 예술도 점점 더 분야의 경계를 허무는 쪽으로 나아갈 수밖에 없다.

또 하나 디자인의 시대를 표현할 수 있는 키워드는 바로 '일상의 의미화'이다. 나를 돌아봤다. 나는 자랑할 만한 유명한 컬렉션이 없다. 미술은 미술관을 가면 되고, 음악은 음악회를 가면 되고, 영화는 영화관을 가면 되었다. 내게 소중한 것은 일상의 시간이었다. 매일 마시는 컵 하나가 소중하고 일상의 도구들이 매우 소중하다는 것을 깨달았다. 생활명품을 찾아 소개하는 것은 일상의 물건과 도구로 아름다움을 실천하자는 주장이기도 하다.

일상의 욕망을 다독이는 지혜, 디자인

음식을 만들고, 세탁을 하고, 책을 보고, 의자에 앉아서 쉬는 일들이 우리 인생 대부분의 시간을 차지한다. 그 내용은 남녀노소 누구든 크게 다르지 않다. 오늘이 고된 청춘도, 회한의 시간에 사로잡힌 노년도, 결국 인간이 매일 해야 하는 일을 수행하며 인생을 산다. 산다는 것은 매일을 사는 데 필요한 물건들과 시간을 보내는 일이다. 좋은 휴식을 위해선 안락한 소파가 필요하고, 따뜻한 차 한 잔을 마시려면 주전자와 잔이 필요하다. 어차피 물건과 함께 뒹굴고 살아야 한다면 좋고 아름다운 물건으로 채워야 한다는 게 내 생각이다. 도구와 물건이 기능만 좋아서는 안 되는 이유이다.

일상의 물건에서 디자인을 중요시하게 되는 이유가 또 하나 있다. 물건은 사실 사용되는 시간보다 그냥 놓여 있는 시간이 더 많기 때문이다. 심지어 이동수단인 자동차조차 그렇다. 일본의 배우이자 감독인 기타노 다케시는 그렇게 타고 싶었던 포르쉐를 사던 날, 첫 시승을 친구에게 맡겼다. 자신이 운전을 하면 제 차의 멋진 자태를 볼 수 없다는 이유였다. 나는 포르쉐가 없지만, 택시를 타고 따라가면서 자신의 차를 바라봤다는 기타노 다케시의 심정이 백번 이해된다.

우리가 사용하는 대부분의 사물은 본래의 기능대로 사용할 때보다, 바라보고 마주쳐야 하는 시간이 더 많다. 그렇다면 보아서 아름다운 측면이 매우 중요해지는 것이다. 특히 나의 시선이 머무르는 빈도가 높은 장소에 놓이는 물건이라면 그 미적 형태나 아우라는 각별할 필요가 있다. 언뜻 보기에 쓸데없어 보이는 물건은 이런 지점에서 설득력을 지닌

전진현의 공감각 숟가락

익숙한 사물도 가치를 더하면 특별해진다. 음식만이 아니라 입안에 들어가는 숟가락으로도 미각을 자극하겠다는 새로운 발상이 사람들을 설득하고 매료시켰다.

다. 독특하게 디자인된 탁상용 원형 온도계라든가, 접히는 부분과 꺾이는 각도가 절묘한 작업용 조명이 존재하는 이유다.

생활을 둘러싸고 있는 물건이 조화와 안정감은 물론 탁월한 미감을 주는 디자인을 갖고 있다면, 내 일상에 대한 자존감도 높아지게 마련이다. 항상 쓰는 연필, 볼펜, 만년필 같은 필기구는 디자인과 만족도가 특별하게 높아야 한다. 보는 것에 그치지 않고 손의 감각까지 더해지는 물건인 까닭이다. 보기에도 멋진데, 손가락에 착 감기고, 적당한 매끄러움으로 써지는 좋은 펜이 앞에 놓여 있다고 생각해보자. 그 펜으로 이런저런 생각을 끄적일 때, 그게 어떤 생각이든 다 소중하게 느껴질 것이다. 내가 300여 년 전 육각 연필을 처음 만든 전통의 문구 회사 파버카스텔의 필기구를 틈만 나면 추천하고 다니는 이유도 여기에 있다.

명품 중의 명품이라는 에르메스도 생활용품에 자신의 디자인을 접목한 지 오래되었다. 에르메스가 디자인한 벽지도 있고, 연필꽂이도 있고, 휴지통도 있다. 물론 엄청난 고가이다. 가성비를 운운할 수 있는 건 당연히 아니다. 하지만 전통의 명품 회사가 이와 같은 물건을 디자인하는 것 자체가 달라진 시대를 반영한다. 일상을 의미화하는 데 자신들의 브랜드가 관심을 갖고 있다는 것을 어필하는 게 중요한 시대가 된 것이다.

나는 일상의 물건에서 아름다움을 충분히 느끼면 구태여 수집의 번거로움을 감당하지 않아도 된다고 생각한다. 음반을 빼놓고 의외로 내겐 수집품이 없다. 소유해서 만족을 얻는 데는 한계가 있다는 생각이다. 소유가 목적이 되면 계속 결핍감이 생겨난다. 일상의 사물은 어쨌든 소유가 아니라 사용에 목적이 있다. 생필품을 수집하는 이들이 없듯이, 나도 내 주변의 사물을 애호하나 특별하게 의미 부여를 하지 않는다. 구태여 소장품을 공개하라면 예쁜 만년필 다섯 자루 정도랄까.

이렇게 살아서 좋은 점은 욕망이 때마다 적절하게 해소된다는 것이다. 20년 전에 도쿄 우에노 공원 근처에서 우동 한 그릇을 먹었다. 그 맛이 너무 삼삼했다. 우동이 이렇게 맛있는 건가 싶었다. 매일같이 생각이 날 정도였다. 얼마 지나지 않아 운 좋게 다시 그 우동을 먹을 수 있었다. 한 번 더 먹었을 때, 그 맛에 대한 기대와 환상이 진정되는 것을 느꼈다. 이제 그 맛을 못 잊어서 자다가도 생각나는 일은 없을 터였다.

자신이 가진 작은 욕망들을 잘 수용하면 필요 이상으로 강해지지 않는다. 욕망은 다듬고 억압하는 게 아니라 꺼내서 해소해줘야 하는 것이다. 그렇지 않으면 별거 아닌 작은 욕망이 결핍이 되어버리고, 필요 이상의 에너지를 쓰게 된다. 일상에서 적절하게 자신의 욕망을 만족시켜주어야 정말 좋은 것, 정말 필요한 것에 집중할 수 있는 힘이 생긴다. 그래야 좋은 취향과 좋은 삶이 형성된다.

사물의 디자인에 관심을 가지면서, 미술을 보는 눈도 음악을 듣는 귀도 더 자유롭고 행복해졌다. 일상에서 마음에 드는 걸 자주 접하니, 쓸데없는 갈증과 열등감이 생겨나지 않았다. 이런 기쁨을 아는 이들이 점점 늘어나고 있음을 곳곳에서 목격한다.

좋아하는 일은 외압을 걷어낸 스스로의 선택이어야 의미가 있다. 좋다는 건 무엇일까. 아리스토텔레스의 지혜를 빌리면 이렇다. 그는 재미있어야 하고, 의미를 더해 감동이 넘치며, 누구에게나 쓸모 있는 것이 좋다고 했다. 인류의 스승이 말하는 '좋음'이란 어렵지 않다. 예술의 일상화란 거창하게 말하지 않아도 된다. 매일 먹는 끼니의 그릇을 더 아름다운 것으로 놓고, 들리는 음악을 스스로의 선택으로 채우는 것이다. 어떤 것이든 좋으나, 그것이 아니면 안 된다는 선별의 기준을 갖게 되면, 그것이 곧 심미안이다.

아름다움을 파악하고 경험하게 되면, 스스로의 인식과 판단의 범위가 다음 단계로 올라서게 된다. 무용한 것이 유용한 가치로 바뀌는 행복의 선순환이 시작되는 것이다. 이런 순환의 시간들을 갖게 되면, 삶이 지루할 틈도 괴로울 틈도 없다.

로얄 앤 컴퍼니의 스완 수도꼭지

사진 제공

- 윤광준 제공 15, 26~27, 28, 42, 50, 80~81, 88, 90, 108~109, 112, 118, 124, 154, 156~157, 158, 164, 168, 176, 194, 204, 206, 228, 244~245, 252, 254, 266, 276, 278~279, 282, 286
- 편집부 제공 34, 62, 66, 72, 96, 104, 138, 186, 214, 216, 238

심미안 수업
어떻게 가치 있는 것을 알아보는가

초판 1쇄 발행 2018년 12월 20일
초판 16쇄 발행 2024년 8월 20일

지은이   윤광준
펴낸이   김보경

편집   안덕희
디자인   이승욱
마케팅   권순민

펴낸곳   (주)지와인
출판신고   2018년 10월 11일 제2018-000280호
주소   (04026) 서울특별시 마포구 양화로 1길 29 2층
전화   02)6408-9979
팩스   02)6488-9992
전자우편   books@jiwain.co.kr

ⓒ 윤광준, 2018

ISBN   979-11-965334-0-3 03100